長期法則と
マルクス主義

右翼、左翼、マルクス主義

大西 広
Hiroshi Onishi

花伝社

長期法則とマルクス主義
──右翼、左翼、マルクス主義──

目　次

はしがき　5

第Ⅰ部　長期法則としての自由主義とマルクス主義

第1章　敵は国家主義、理想は無政府　10
第2章　ケインズ主義と新自由主義へのマルクス主義的批判とは何か　20
補論1　安倍政権は新自由主義ではなく国家主義　35
第3章　民主的改革論の「失敗」とマルクス派の経済政策論　40
書評1　松尾匡著『自由のジレンマを解く――グローバル時代に守るべき価値とは何か』（PHP新書、2016年）　58

第Ⅱ部　右翼、左翼とマルクス主義

第4章　君は右翼か、それとも左翼か　66
第5章　政権与党の「マルクス主義」と政権野党の「マルクス主義」　72

第Ⅲ部　米中の覇権交代とグローバリゼーション

第6章　トランプ登場が意味する米中の覇権交代――「パックス・シニカ」による「よりましな世界」へ　84
第7章　イギリス国民はEU離脱投票でどの程度迷いなく投票したか？――年齢、階級、学歴属性から見た仮説的検証　99
第8章　香港は「雨傘革命」で「財界天国」を辞められるか　111
補論2　マルクス学者の平和論および日中関係について　126

第Ⅳ部　新古典派経済学を基礎とするマルクス経済学

- 第9章　新古典派経済学を基礎としたマルクス経済学——「マルクス派最適成長論」の挑戦　*142*
- 第10章　マルクス派最適成長論の諸次元　*162*
- 書評2　松尾匡・橋本貴彦著『これからのマルクス経済学入門』（筑摩書房、2016年）　*179*

はしがき

　私はマルクス主義者なので「右翼」の人たちとの交流は少ないが、対する「左翼」の人たちにもかなり警戒されている感がある。つねづね「左翼とマルクス主義とは別だ」と言ったり、左翼が「主敵」とする新古典派経済学を援用していたりするからであるが、この問題はそもそもマルクス主義とは何か、という問題に根差している。私の立場を簡単に述べると、右翼にも左翼にも社会的歴史的な役割が存在するが、それは右翼からも左翼からも独立な客観的評価基準があってはじめて言えることである。そして、その客観的基準こそがマルクス主義の歴史観である、というものである。マルクス主義にビルトインされた歴史法則主義や科学主義の必然的帰結とも言える。
　ただし、もう少し私の立場に引き付けると、マルクス主義者の歴史観は史的唯物論の理論的帰結と言うのがより正確である。たとえば、マルクスは『哲学の貧困』という初期の著作で「手回しひき臼は諸君に封建領主を支配者とする社会を与え、蒸気ひき臼は諸君に産業資本家を支配者とする社会を与える」（マルクス・エンゲルス全集第4巻、133－4ページ）と述べ、大工業という技術的条件では資本主義を避けることはできないと説いているが、「資本主義を避けることができない」ということは、資本主義を実行することであって、それは同時に資本家が支配する体制を維持すること、そして、労働者がその下で搾取されることを容認することをも意味する。つまり、この時には搾取が肯定されねばならないので、マルクス主義者は「左翼」にはなれない。資本家支配を肯定するからである。
　もちろん、これらは状況によるのであるから、マルクス主義者は別の状況下で「左翼」にもなる。封建制がその生産力発展の可能性を汲み尽くした段階でマルクス主義者がその転覆に努力したように、資本主義もその可能性を汲み尽くした段階ではマルクス主義者はその転覆を目指さなければならない

からである。マルクスやエンゲルスの場合は、すでに19世紀のうちに資本主義がその可能性を汲み尽くしていたと考えていたが、もしまだ汲み尽くされていないと彼らが判断したのであれば資本主義の転覆には与しなかったはずである。

　が、ここでの問題はこの状況判断の当否ではなく「左翼に与する」も「右翼に与する」もそれが状況判断——旧体制が生産力発展の可能性を汲み尽くしているかどうかの状況判断によるということ自身である。右翼、左翼のどちらかに常に与するわけではない。

　しかし、ここでマルクス主義者が右翼、左翼のどちらかに与すると言っても、もう少し詳細に見れば、その「程度」にも変化がある。封建制から資本制への転換の直後には資本家階級の支配へのサポートが強く求められるかもしれないが、資本家階級が自立した段階では支援は不要となる。この論理からすると、彼らの自立の程度に応じて外からのサポートの必要度は異なってくる。また、「資本主義の絶頂期」には資本主義の転覆は支持されないが、「資本」ではなく「人間」を大切にしなければならない程度は歴史の進行に伴って徐々に高まるだろう。これらの意味でその「程度」を測る基準もが重要になってくる。そして、この「程度」を決めるのが「資本主義の傾向法則」ないし「長期法則」だというのが私の意見である。

　実際、マルクス経済学では『資本論』レベルでもいくつかの傾向法則が提起されていて、それらがそれぞれに資本主義の有効性の程度（どの程度に可能性を汲み尽くし、あるいは汲み尽くしていないかの程度）を表示している。たとえば、利潤率低下の法則、相対的過剰人口累増の法則があるが、この前者は利子率低下の法則をその系として帰結し、また、少しの計算で資本蓄積率や成長率の低下も導くことができる。[1] さらには、もっと

1　マクロの価値構成を不変資本部分c、可変資本部分v、利潤部分mとした時、
$$\frac{\varDelta c + \varDelta v}{c+v} < \frac{m}{c+v}$$
より、不変資本と可変資本の合計としての資本の蓄積率は長期的に低下せざるを得ず、その結果として成長率も低下する。

一般的な傾向として社会的分業の拡大や市場の一般化、国際貿易の拡大という形で表明されている。そして、これらが「法則」として不可避であるのであれば、経済政策はその法則に反抗することができない。あるいは「法則」に反抗して逆にしっぺ返しを食らうことになる。実のところ、現在の経済政策・経済運営上のほとんどの諸問題はこうした問題としてマルクス経済学を用いて総括できるのではないかと私は考えている。

　ここで、具体的にイメージしやすいのはバブル経済である。これは「法則」に反するものであるからいずれ崩壊に至り、経済は大きな打撃を受ける。現在のアベノミクスも近いうちに必ずひどい崩壊に帰結すると考えられるが、それにとどまらず、たとえば覇権国の交代、自由貿易主義の拡大といった問題も重要である。

　本書では米中覇権の交代についても論じるが、広義の自由貿易主義が世界規模の矛盾を生み出していることにも関心を向けたい。TPP 交渉からの離脱、NAFTA からの離脱を決めたトランプ、EU 離脱を決めたイギリスが反自由貿易主義の文脈にあることにとどまらず、香港や台湾の対中政策、他のヨーロッパ諸国における移民政策がその好例である。労働力や財貨の移動の大規模化（移民の受け入れや関税の廃止など）はまさに傾向法則そのものであるが、歴史の進歩だからといってその「程度」の問題を無視してよいわけではない。そのような問題に向き合う上で、傾向法則、長期法則が問われてくるのである。

　なお、この問題は実は「左翼」が歴史の「進歩勢力」なのか、弱者の庇護者なのかという問題とも関わる。移民の問題が複雑なのは、ヨーロッパの最下層に位置するのが移民であると同時に、彼らに職を奪われるのも最下層の労働者階級であるということである。後者に味方をすると「進歩勢力」とはなれない。が、最下層の労働者の利益を守る者もいなければならない。この問題は日本の場合、TPP への賛否として問われただけではなく、現在の国民の強い反中感情をどう理解するかという問題として現れている。右翼、左翼、マルクス主義の問題と絡めて歴史の長期法則を本書で論じようとする意図はここにある。

最後に、本書の各章の文章のほとんどはここ数年の間に書いたものであるが、第Ⅱ部の2本の論文は2001年と2003年に書いたものである。その意味で筆者が永く考えていた主張を現代的なテーマで再確認した書だと言うこともできる。そうした視点から本書の吟味・検討をしていただけるなら幸いである。なお、本書第7章は私のゼミに所属していた学生秦雄一君と共同執筆したものである。

著者

第Ⅰ部

▲▽▲▽▲▽▲▽▲▽▲

長期法則としての
自由主義とマルクス主義

第1章　敵は国家主義、理想は無政府

はじめに

　2015年に私は碓井敏正氏との共編で『成長国家から成熟社会へ』という書物を花伝社から出版した。ともに大月書店から出版した『ポスト戦後体制の政治経済学』(2001年)、『格差社会から成熟社会へ』(2007年)とほぼ同じメンバーによる出版で、基本的に一貫した問題意識にもとづいたものとなっている。それは、社会の中心は「国家」から「社会」に移らなければならないとの認識であって、それが『成長国家から成熟社会へ』というタイトルに直接に反映されている。

　左翼運動には国家主義の伝統が染みついていて、こうした方向性は評判が悪いが、しかし我々は、「国家の死滅」という長期の展望と整合的な未来社会論を持たなければならない。理想はやはり「無政府」である。

国家に依存しない社会のイメージを求めて

　もちろん、これまでの人類による「社会進歩」には各種業務の「社会化」が含まれ、たとえば、「教育の社会化」が挙げられる。過去の孤立分散的な生産においても、父親は子供に工芸のあるいは農耕の手ほどきという「教育」をしていたが、それが今では一般化＝社会化をして「学校教育」となっている。また、医療においても、全般的な（＝社会的な）医療保険制度が一般化するという形で「社会化」が（不完全ではあっても）実現されている。さらに、今後はそれが「介護」にも拡張されなければならないであろう。

　これらは多くの場合、「公共部門」の役割として理解されている以上、「無政府」という理想は誤った未来社会論であるように見える。しかし、「税」という暴力による取り立てに依拠した「公共業務」が我々の理想と

するものなのであろうか。少なくとも、それへの依存度を極力低くした「社会化」のあり方が求められているのではないだろうか。

　このような問題意識に立脚すると、以下に見るようないくつかの「試み」は積極的に評価されてしかるべきであろう。たとえば、「地域コミュニティ」の形での様々な助け合いの組織化が試みられており、あるところでは「民医連」（民主医療機関連合会）のような医療機関が関わり、またあるところではまだ体を動かせる老人が助けを必要とする老人を助け合うというシステムを作った共同住宅のとりくみもある。後者の例としては茨城県つくば市に存在する「ぽらりす」を挙げておきたい[1]。これらは「国の政策を待てない」ことから生じた現場の対応という側面を持ちつつも、同時に「国の政策によらずとも可能な範囲がある」ということをも示している。

　介護ビジネスの実態のひどさを知り、NPOの労働条件・労働慣行の前近代性を見る時、我々は何の未来も無いかのように感じてしまうが、そんな時には、歴史に現れたどんな社会制度も出発点には大きな問題を持っていたことを思い出す必要があるように思われる。

　たとえば、現在の労働基準法の出発点となったイギリスの工場法は、当初は労働時間の下限を決め、かつまた賃金の上限を決めるものであった。[2]人類は問題のあるこの新しい制度を少しずつ改善することで前進をしてきたのであるから、同様に、非国家的な社会保障の枠組みの現状におけるひどさも、排除ではなく、その改善こそが求められていると考える。[3]

　上記碓井氏との編著で最初に刊行した『ポスト戦後体制の政治経済学』では、私はこうした新しい社会的企業の否定面をのみ指摘してしまったが、

1　NHKスペシャル取材班『老人漂流社会：他人事ではない"老後の現実"』主婦と生活社、2013年、第6章参照。

2　マルクス『資本論』第1巻第8章および第24章参照。

3　この文脈で非常に興味ある市民向けの書物が現れた。浦坂純子『あなたのキャリアのつくり方：NPOを手がかりに』（ちくまライブラリー、2017年）である。大卒生の就職先としてNPOも視野に入れよとのメッセージは強烈で新鮮である。NPOも少しずつまともな「企業」に向けて発展しつつあることを示している。

これは正しくなかったと今では反省をしている。社会的企業論は現在の社会科学的探究の非常に重要な部分をなしている。

基準政府論と株式会社社会主義論

　しかし、もしこうして各種の社会的企業の発展によって、社会保障の国家への依存が弱められたとしても、財政支出への依存は簡単にはゼロにならないだろうから、我々の提案は国家財政のあり方についてもカバーしなければならない。その点では、「国家依存の拒否」とは「国家をコントロールする政治家や行政の裁量への拒否」であるというように、問題の焦点を明確にすることが必要なように思われる。

　完全にルールに基づいて支出される財政支出には権力者は介入できない。これは公民館の利用料が受付の末端公務員によって左右されないのと同じことである。主流派経済学の「自由主義派」の「反政府」とはこういった考え方を意味する。「左派」に属する松尾匡は『ケインズの逆襲、ハイエクの慧眼』(PHP新書、2014年) でこの考えを「基準政府論」という言い方で広めたが、この考え方の源流はミルトン、フリードマンらの主流派経済学にある。

　「新自由主義」を提唱したフリードマンに反感を抱く読者の方も多いだろうが、マルクス主義の影響の強かった時代に活躍したフリードマンたち「主流派経済学者」の議論はそれなりにバランスのとれたものであった。たとえば、図1に示すフリードマンの「負の所得税」という提案がそれである。所得に比例して所得税率を上げ、逆に、ある所得以下の家計には「負の所得税」、すなわち所得補償が所得水準に応じてなされるという制度を彼は提案した。

　この制度は「税」の全面廃止を主張していない点でも検討に足るものと私は考えるが、それ以上に重要なのは、所得控除などを含む様々な付随的諸特質を裁量的に考慮するような複雑な税制を一切排除して、政治家や官僚の介入の余地がないような単純なルールを主張していることである。税制ひとつ取っても、我々は役所に行ってひとつひとつの手続きの煩雑さに音を上げるが、これらの煩雑さの根源は要するに様々な事情にそれぞれ個

図1　フリードマンの「負の所得税」

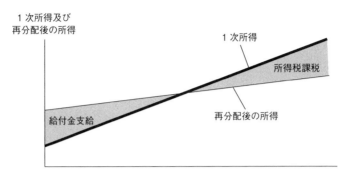

別的な「配慮」をすることにある。これは逆に言うと、様々な圧力団体が個別的事情を個別的に陳情し、政治はそれに応え、よって代価としての支持を得る、という構造に起因する。マルクス主義的に言うと、国家機能の切り売りによる国民支配ということとなろう。

　つまり、権力とは裁量性なのであり、本来自由主義者たちが目指した「小さな政府」の本質は政府の裁量性をなくすことにあったのである。この場合、政府が決定するのは「課税」と「所得補償」の分岐点となる所得水準と再分配の総量のみとなる。もし、図中太線で示した再分配前の所得分布の傾きを緩くすることができれば、すなわち1次所得の格差を縮小することができれば政府による再分配の必要性はより縮小する。

　搾取の廃止を求めるマルクス主義の本来の立場は自由主義者と同じ地点にある。マルクス主義者が求めるのは「再分配」ではなく、「1次所得の(「社会主義」の場合には労働に応じた) 平等分配」であったはずだからである。また、課税総額と給付金支給総額の間に差額を設定すれば、いわゆる「公共的支出」のファンドを形成できるが、上で例に挙げたような社会的企業や助け合いの社会を形成できれば、その差額も縮小することができる。完全な「無政府」とはならなくとも、それに近い状況を想定することは不可能ではない。

　それからもうひとつ、社会的企業について重要な補足として、「国有企業」という形ではなく、しかし「真に社会化された企業」として株式会社

が発展する可能性について述べたい。マルクス、そしてエンゲルスは当時出現した株式会社にある種の期待を表明している。当時の株式会社はもちろん初期的なものだったので、上記の現代の「社会的企業」と同様に問題だらけのものであったが、その後1世紀半を経て発展した現代の株式会社システム、特に上場システムには「所有の社会化とは何か」を考えるヒントが含まれていると私は考えている。

　上場企業は「上場」というメリットを享受する代わりにその経営内容を正確に公開する義務を負う（粉飾すれば「犯罪」として扱われる）が、そのもとで大衆投資家は当該株を買うか売るかを決める。株主は株主総会での投票権を目標としているわけではないが、株価動向が最大の関心である以上、株価を上げる経営者は再任するが、そうでない経営者はクビにする。そして、その株価動向を決めるのも大衆株主の株の売買である。つまり、大衆株主が株を売ったり買ったりするという行為が経営者への究極的な圧力として機能しているのであって、この意味で「大衆による企業の支配」が行なわれると言える。実際には敵対的買収（TOB）などの問題を産み出す現行の株式会社制度ではあるが、その問題の克服、あるいはディスクロージャー（情報公開）の徹底した努力も続けられている。私はこの意味で将来、つまり社会主義における企業システムは株式会社制度の発展の延長になければならないと考え、それに「株式会社社会主義」との名前を付けている。

　「社会的企業」や私的な中小企業も重要であるが、それと同時に基幹的な大企業部門の企業システムの展望も我々は示せなければならない。それを「国有企業」として提示できなくなった現状では、この提案こそがもっとも現実的な（そして「非政府的」な）ものと考えるがどうだろうか。私はこの提案を上述の碇井・大西編『格差社会から成熟社会へ』（大月書店、2007年）にて最初に行なった。改めてご検討願えればと考える。

左翼はなぜ「反自由主義」になってしまうのか

　ところで、こうして「反国家」の立場からの「未来社会論」を論じれば論じるほど、残念ながら「反国家」が我々「進歩勢力」のスローガンに

なかなかなってくれない現実を知ることとなる。「国家に依存しない生き方」を主張すれば、それはそれとして理解してもらえるが、どうしても直近のスローガンでは「反新自由主義」となってしまう。つまり、「自由主義」は求める対象ではなく、反対する対象ということになってしまっている。

　2015年の安保法制をめぐる闘いや、トランプに反対するアメリカ民衆の闘いを表現する際にも、多くの運動参加者は自分たちを「反新自由主義」の運動と見なしていた。安倍政権の軍事強化も、それに先立って行なわれた特定秘密保護法の制定も、学校教育法の改悪も共謀罪の制定も、これらはすべて国家権力の横暴に属する問題であるにもかかわらず「反新自由主義」とのスローガンが使われているのである。他方、アメリカのトランプ政権も、移民排斥や人種差別に保護貿易主義が加わればどう考えてもそれは自由主義ではなく「国家主義」であるが、それにもかかわらず、寝ても覚めても自分たちの運動を「反新自由主義」の枠組で理解しようとする勢力がどうしてこのように強いのか。このことについても、やはりここでは若干、私の意見を述べておきたい。

　本来、進歩勢力はずっと昔から「反自由主義」だったのではない。帝政ロシアにおける進歩運動は無政府主義と連携し、戦前期日本やドイツなどにおける進歩運動も同様だった。こうして進歩運動には「無政府主義」の伝統が本来は存在した。それが何故なくなったのかと言えば、それは結局、支配者の側の戦略が「国家主義」から「自由主義」へと動いたからではないかと考えられる。帝政ロシアもヒトラーも天皇制軍国主義もそれらはすべて「国家主義」なのであるから、進歩勢力の側は当然のごとくに「反国家主義者」となったが、日本における小泉改革のような正真正銘の「新自由主義」が支配者の戦略となると、進歩勢力はそれに反対して「反自由主義」とならざるをえなくなった。

　これは労資関係において過去には「日本的雇用慣行」による労資協調の長時間過密労働が告発されていたのが、体制側が「雇用慣行の見直し」に進んだ瞬間、労働側の立場が「日本的雇用慣行の維持」に向かったのと同じである。あるいは、世界の貿易秩序をリードする「世界経済フォーラ

ム」が「グローバリズム」の推進役として登場する一方で、左派勢力が「世界社会フォーラム」で「反グローバリズム」を叫ぶこととなったのと同じである。つまり、こうして進歩勢力の立場は常に支配者の逆の戦略を行うという形で設定されてきたのである。

したがって、ここで言えるのは、現在の諸運動の基本が「反自由主義」となることには確かに理由がある一方で、このようにいつもいつも支配者の政策に反対しているだけでは、将来におけるあるべき社会、あるべき経済が何であるかについて説得力を持って語ることができないということである。「左翼はいつでも反対しかしない」と言われる状況の克服をするためには、「単なる反対」ではない、独自な政策的立場の表明がなければならない。

この点で私が考えるいくつかの例を挙げる。一つには、「何でもあり」のTPP（環太平洋パートナーシップ協定）のような自由貿易協定ではなく、農業を別扱いとし、ISDS条項（投資家対国家の紛争解決）のようなものを排除したRCEP（東アジア地域包括的経済連携）のような自由貿易主義が対案となるのではないか（これは「反グローバリゼーション」ではない）。そして、雇用慣行では正規労働者と非正規労働者の差別を前提とした労資協調の「日本的雇用慣行の復活」ではなく、年功序列の廃止によって個別資本から自由となった労働者が「限定正社員」も「非正規」も妥当な労働条件で自由に選択しうるような雇用慣行が対案となるのではないか。さらに、「福祉国家の再建」ではなく、可能な限り「社会」内部で社会的必要業務を賄えるような「福祉社会」が対案となるのではないか──。『成長国家から成熟社会へ』が描こうとしたのはそういった方向性であった。

「成長……から成熟……へ」という論点

以上、主に「……国家から……社会へ」という論点に関わっていくつか述べたが、この「国家」なるものが資本主義体制下で「成長」と深く結びついていたことも同時に述べる必要がある。実際、資本主義の歴史で「国家」が最も大きな役割を果たしたのは原始的蓄積期であり、その典型は日本やドイツにおける戦前期、そしてスターリンや毛沢東による「国家資本

主義」期[4]であった[5]。イギリスなどの「先発資本主義」にはこうしたスタイルの「国家主義」はなかったが、たとえば上述のようにイギリスにおける最初の工場立法は、国家の介入で賃下げと長時間労働を労働者に強制したのだから、これも形の違う「国家主義的成長」と言える。「成長」（より正確には資本蓄積）のために「国家」があったのである。

　しかし、問題は、この「成長」の課題が現在の先進国で終了していることである。こう言うと長らく「いやアメリカは違う。成長が止まっていない」と反論され続けてきたが、アメリカ経済の実際は移民などによる人口増と繰り返されたバブルであって、2000‒2010年の現実の実質一人当たり所得の増加は実は0.7％にすぎなかった。これは同時期の日本の0.6％と大差なく、この程度の成長率は「ゼロ成長」と言える。そして、これは他の先進諸国でも言えるから、要するに経済成長は一般的に、途上国段階の高成長から中進国の中成長を経て、先進国段階にはゼロ成長に至るのだと言える。

　そして、もしそうであれば、「成長」に付随して強化されていた「国家」の役割は先進国段階では縮小せざるを得ない。こうして、「成長」と結びついた「国家」の理解は、「成長の終焉」の下で「国家の縮小」という社会イメージを形成することとなる。「碓井・大西グループ」の当初の立場は「自由主義」でしかなかったが、2007年の書物からは「ゼロ成長論」にもとづく「成熟社会論」に発展した。本章ではゼロ成長の必然性の論証を行なう余裕はないが、ともかく、「国家」をどう考えるかという問題が成長率の問題と深く関わっていることを理解されたい。

　なお、ここで国家が後退する状況を「成熟」という言葉で表現している理由にも触れておきたい。というのは、たとえば資本主義的発展が必要であるにもかかわらず、その発展当初には「国家」が役割を果たさなければ

---

[4] スターリンや毛沢東の経済建設を「社会主義」と見做すことはできない。これは私のかねてからの中心的主張となっているが、原理的に理解しようとする日本のマルクス経済学者のおよそ半分程度までは現在この立場に立っている。

[5] これらのケースにおいて国家が決定的に重要となった背景には、戦争を含む国家間の厳しい緊張関係も存在した。

ならなかったということ自体が、「成熟」には時間がかかること、言い換えると制度転換の当初には困難が付随することを表現しているからである。マルクスが『資本論』第1巻の原始的蓄積章で述べたように、資本主義的発展の正常な発展には、自由な労働者と自立した資本家階級の存在が前提となるが、「資本主義的働き方」に慣れない直接的生産者を訓練するにはまずは国家による（言い換えると当初のスタイルの工場法による）労働への直接的指揮が必要であった。また、これは言い換えると、資本家階級の側も自力で労働を十分に指揮できなかったことを示している。つまり、労働者も資本家もそのどちらもが十分に「成熟」できていなかった段階において、国家がその補完物として登場したということになる。私はこの意味で、国家が暴力的に労働者を直接に支配するシステムから、「新自由主義的」＝非国家的に労働者を支配するシステムへの転換は、「資本家階級の成熟」を反映していると理解するのである。

　もちろん、労働者にとってはそれだけでは不十分である。労働者側が資本家に対して国家の支援なしに対抗できない程度に未成熟であれば、「国家の退場」は阻止されなければならない。が、労働組合が十分に資本から自立し、かつ十分な力を有しているのであれば、非国家的な社会システムでもうまく機能できる。「国家から社会へ」のシステム転換の条件とはこのような状況を指すのであって、逆にいうと、税に拠らない社会システム（私はそれを「成熟社会」と呼ぶ）の形成には労働者側も労働組合を強化するなど自立への努力が必要となるのである。前述の碓井・大西の編著に労働組合運動についての章を特別に加えた理由はここにある。

ゼロ成長時代の階級闘争

　ところで、この議論からも明らかなように、「成熟社会」の実現には「ゼロ成長」という条件だけでは足りない。「ゼロ成長」は「成熟社会」を必要とするが、それに対応する主体的条件が揃っているかどうかがポイントとなるからであり、さらに言えば、「成熟社会」に抵抗する側の勢力の存在も問題になるからである。たとえば、「ゼロ成長」は私的・公的な追加的資本蓄積を（資本減耗補填分を除いて）不要化するが、それは全社会

から見てそうであるだけであって、たとえば建設産業はゼロ成長への適応に反対する。特に公共事業で利益を得るような建設産業にとっては社会的利益が問題ではなく、自分たちにとって利益か不利益かが問題だからである。この意味で、社会全体を「ゼロ成長」にふさわしい「成熟社会」に移行させるためにはこうした「抵抗勢力」との闘争が必要になる。私はこの闘争を「資本蓄積に反対する闘い」という意味で反資本主義的な闘い、「社会的富を資本にではなく労働者階級に分配する闘争」という意味での階級闘争であると理解している。

　この闘いは、公共事業依存の建設産業に反対する闘いに留まらない。本来は定常化するはずの株価を無理に上げようとする資産家階級の圧力とも、国際的緊張を作り出して軍事支出を拡大しようとする軍産複合体の圧力とも、「ゼロ成長」を「雇用削減」で乗り切ろうとする資本家階級の圧力（安倍政権の月60時間残業の法制化はその政策的反映である）とも闘わねばならない。「成熟社会」が自動的に来るわけではないこと、そのための民衆の闘いが必要であることを本章の最後に確認しておきたい。

＊本章は雑誌『現代の理論』改題4号（2017年4月）に掲載された論文を一部修正のうえ転載したものである。

第2章　ケインズ主義と新自由主義への
マルクス主義的批判とは何か

はじめに

　私は元々関西に住んでおり、関西唯物論研究会のメンバーであった。2012年に東京に移住して以降は会員でなくなっていたが、2015年5月に開催された研究会にお呼びいただき、本章のタイトルで報告をさせていただいた。研究会での発表は、碓井敏正氏と私の3冊目の共編著（『成長国家から成熟社会へ』花伝社、2014年）を松尾匡氏の著書『ケインズの逆襲、ハイエクの慧眼』（PHP新書、2015年）との対比の中で議論したいとの要請によるもので、これは私にとっても大変チャレンジングな機会となった。松尾氏は今や「時代の寵児」であるが、碓井氏との過去2冊の共編著ではご協力をいただき、学会でも「同類」とみなされることもある。実際、研究会での討論でも両書で意見を同じくする点も多く指摘された。

　たとえば、①マルクス『資本論』の経済学体系は新古典派と基本的には同じである、②ハイエクが述べたように国家は裁量的なものであってはならない、③現在の金融緩和政策を停止する際、経済に混乱が生じる、との主張は松尾氏とまったく一致する。この点は、すべて「我々」（碓井＝大西）の「自由主義」文脈からのものである。この3点は非常に重要なポイントなので、本章ではまず最初にコメントをしておきたい。

①マルクス『資本論』の経済学体系は新古典派と基本的には同じである

　第一のポイントは、私も松尾氏も特に強調する経済学説史上の大問題である。——と言っても実はほとんどのマルクス派学者が持っている誤解であるという意味での「大問題」にすぎず、本当はちょっと考えればたどり着ける認識にすぎない。それはマルクスの経済学には近代経済学反主流派の「外部性」も「情報不完全」も「取引コスト」も「主体の非合理性」も

ないことからわかる。

　ケインズを含む近代経済学内の反主流派は新古典派経済学が想定する「純粋市場」にこれらの「反例」を用意し、よって新古典派経済学の主張を覆した。しかし、マルクスは一切そのようなことをしていない。マルクスは「純粋市場」の想定自体に反対したのではなく、ただ、その想定のもとでも搾取が成立していることを述べただけだからである。この意味でマルクスは古典派―新古典派という主流派経済学の流れに存在しているのである。このことを私は最近も大西（2015 a）で論じた。[1]

　しかし、松尾氏は「ケインズの逆襲」を肯定するのであるから、近代経済学主流派＝新古典派経済学の想定に、ある範囲で反対をしている。ケインズの主張した「貨幣愛」（流動性選好説）という新古典派の想定外の「現実」を持ちだし、マルクス＝新古典派の主張に別の主張を付け加える。いわく、「供給サイドとしてはマルクス＝新古典派の主張は正しいが、不完全雇用状況の下ではケインズ的な需要サイドの政策の有効性が存在する」。

　私も一般論としてはこの認識を認めるものであるが、やはりマルクス派経済学者としては、ここで言う「供給サイド」の重要性を強調したい。短期的な変動を左右する「需要サイド」よりも、社会経済の基本的なあり方を問う「供給サイド」をマルクス派は重視する。「搾取が生産関係によって規定されている」という話もその一部である。実はピケティの「分配論」も本当は「生産関係論」として展開されるべきものであった。ピケティは格差拡大の根本原因が資本収益率（r）と経済成長率（g）との差にあると述べたが、この差の本質がマルクスの「剰余価値」の重要な構成要素としての時間選好率であることを私は金江・大西（2015）で証明した。[2]

　これは研究会の場でも強調したことであるが、マルクスが社会の様々な

1　この主張は多くのマルクス経済学者にとっては驚くべきものに聞こえるだろうが、考え抜かれた経済学説史家には肯定されている。大西（2015a）の主張には、その原稿の段階で八木紀一郎氏から「マルクス派の原理的な立場の表明」であるとの評価を受けている。

2　大西（2015b）ではより簡潔に説明している。

問題のうち、「搾取」の問題を最も重視したことの意味を我々はちゃんと再確認する必要がある。世の中には様々な問題があり、それはマルクスの時代にも同じであった。が、その中でも各歴史時代に変化する搾取の問題、例えば資本主義的生産関係の歴史的理解が最も重要な問題であるとマルクスは認識し、『資本論』の執筆にあれだけの力を割いたのである。

現代では不況と失業の問題も当然に重要な課題ではあるが、その問題をマルクス派は「実質賃金の切り下げ⇒企業業績の改善⇒雇用増」で解決しようとは考えない。それはケインズ派の考えである（新野・置塩（1957）など参照）。そうではなく、マルクス派は生産関係上の根本的な変革により労働時間を短縮し、よって、時間当たり賃金を下げずに雇用の拡大を図る。マルクス派は資本主義を特殊な時代の特殊なあり方と考えるからである。こうして、搾取問題＝生産関係問題を問うのか問わないのかという立場の違いは、直近の失業問題についてもマルクス派とクインズ派に根本的な立場の違いをもたらすのである。

いずれにせよ、松尾氏も認めるようにケインズ主義はマルクス―新古典派の流れとは別の流れに位置する。ケインズ主義の表面的な「左翼性」に惑わされて根本的な対抗関係を間違わないことが重要である。

②ハイエクが述べたように国家は裁量的なものであってはならない

第二の点としての国家の裁量性批判も重要であり、これこそがハイエク＝フリードマンの「小さな政府論」の核心である。たとえば、フリードマンは「負の所得税」を考案し、決められた課税最低限を上回る家計から累進的に税を取り、それを課税最低限以下の家計に所得に応じた配分を行なう（給付金を支払う）ことを提案しているが（13 ページの図参照）、この提案の本質は、家計にまつわる様々な付随的諸特質を裁量的に考慮しないということにあった（第 1 章参照）。

そこでハイエク＝フリードマンは「小さな政府」を提起したのだが、「大きな政府」と「小さな政府」の違いを我々の身近な例で例えると、たとえば学会の雑誌編集委員会の権限のようなものがある。今や学会誌の多くは投稿論文を基本とし、雑誌編集委員会はほとんど査読者の決定権しか、

その権限として残していない。これは私が編集委員長を務めていた現代中国学会の学会誌でも同じで、そのために編集委員会は特に集まって議論する必要もなく、メール上のやりとりだけで十分に事が進んでいる。が、もし雑誌が「特集」とその依頼原稿を中心とした編集方針を採用すると、編集委員会の権限は絶大なものとなる。編集委員会には、学会で何を議論すべきかや、誰の議論が掲載に値するかを決める権限が集中することになる。この２つのケースではどちらも「雑誌発行回数」や「雑誌印刷費用」が同じであるにもかかわらず、「権限の集中」と「権限の分散」の相違が発生している。つまり、ここでの「大きな政府」と「小さな政府」の相違は「政府の規模」ではなく、「政府権限の大小」を問題としているということである（今問題となっている「立憲主義」もこの裁量性抑止が目的の制度である）。

　ただし多くの場合、この「権限の大小」は「予算規模の大小」にも影響を及ぼしている。前述の例では、権限の大きな編集委員会は普通集まって会議をするための予算を必要とし、また裁量的な所得再分配を行なう行政はその煩雑な計算のために多くの公務員を雇うこととなるからである。

　なお、松尾氏は基本的には以上の趣旨から政府の裁量性に反対するが、フリードマンの「負の所得税」提案を含むベーシック・インカム論を「大きな政府」論に分類している。「負の所得税」でも再分配の総額はかなり大きなものになりうるからであるが、私としてはここまで「反裁量」を主張するのであるなら、その本来の趣旨から「権限の小ささ」に注目し、「それこそが真の小さな政府だ」と主張すべきではなかったのだろうか、と問いたい。フリードマン・タイプのベーシック・インカム論には、前章で見たような意味では条件さえ整えば「小さな政府」を実現できるという点も含めて主張しておきたい。

③現在の金融緩和政策を停止する際、経済に混乱が生じる

　第三のポイントは本来、松尾氏と私の相違点であったものであるが、研究会の場で認められたのであえて強調するものである。

　確かに松尾氏は日銀が「無から作ったおカネ」である日銀券の増刷を通

じて国債の大量増発を薦めているのではあるが、この政策はいずれ辞めざるを得ず、その際には経済に混乱が生じることを発言の中で認められた。

　松尾氏は、アベノミクスの効果は2016年の参議院選挙時にピークに達し、それが改憲勢力の２／３の獲得に結び付くから危ない。それをどう阻止するかで政治判断をしなければならないとの展望でこのような提案をされた。

　しかし、私に言わせると護憲の闘いも国民投票になってしまえばもうおしまいなのではない。もちろん「護憲」以外の様々な政治社会経済のイシューは山積みであるので、革新政党の基本は後から間違っていたと言われるようなことを絶対にせず、常に「真面目に」対処してその基礎的力量を拡大することにあるのではないだろうか。

　私は「アベノミクスの効果は実施２年後＝2016年の夏にピークに達するとはとても思えないが（もっと言うと2015年の当初でもすでに破たんが明白となっていたと考えているが）、ここでは日銀券の大量増刷⇒国債の大量増発がうまく行くとの松尾氏の議論が極めて危ない議論であることを松尾氏自身の書物から示しておきたい。松尾（2014）の236―7ページは述べる。

　　「そんなこと（日銀券の大量増刷による国債の大量増発―引用者）を許せば、政府が調子に乗ってやめられなくなり、やがてハイパーインフレーションになるのではないかと心配する人がいるかもしれません。……そんなことにならない歯止めのためにこそ、インフレ目標があるわけです。インフレが目標値に近づいたらこんなことはやめなさいというルールになっているのです。
　　そうはいっても、いざインフレが目標値を上回ったときに、抑えることができるのかという疑問もあるかも知れません。不況になってもいいのであれば、金融引締めでインフレを抑えることが原理的に可能なことを否定する人はいないでしょう。だから、何があってもインフレ目標を守り抜くと中央銀行が約束すれば、それは信用できる予想になります。」

確かにこの議論は経済モデルでは成立する。しかし、このような絶妙の政策コントロールがなされて初めて混乱を回避できると言うことは、それ自身、混乱回避は現実にはほとんど無理と言っているに等しいのではないだろうか。同時にこの政策では、金融の緩和や引締め、国債増発による財政支出の急な増減がインフレの状況次第で生じることを意味するので、個別企業、個別産業などなどの抵抗に遭うことは火を見るより明らかである。よって、実際の政治では「インフレ目標を守り抜く」ことはできず（少なくとも国民の多くはそう予想する。これだけで「予想インフレ率」は変動する）、つまり原理的に政策目標たる「経済の安定」に失敗することになる。政治に責任を持とうとする革新政党はこのような政策を推進するなどもっての他であり、抑止することこそが求められている。

ケインズ主義とマルクス主義が同盟できる状況とできない状況

それでも、ケインズ主義を背景とした社会民主主義とマルクス主義はある一定条件の下で同盟を結ぶことができる。日本においては、小泉政権時における階級的対抗関係の基本は「新自由主義」対「反新自由主義」であったから、この際にマルクス主義者は「大きな政府論」と同盟して闘っている。郵政の民営化を中心とする各種の早すぎる規制緩和が社会的弱者に政策のしわ寄せをするものであった以上、当時、マルクス主義者が「反新自由主義」を掲げたのは当然のことであった。つまり、将来において郵政事業という政府業務が「社会に再吸収」されるかどうかといった問題はさておき、当面の問題となる社会的弱者へのしわ寄せに反対するのはマルクス主義者にとって必要なことであった。

しかし、このことを逆に言うと、支配者がどのようなタイプの攻撃を加えてくるかでマルクス主義者の「同盟相手」が異なってくることも意味される。たとえば、戦前の天皇制軍国主義の嵐の下では日本のマルクス主義者は幸徳秋水や大杉栄らのアナキストとの同盟関係を築いていた。ここではもはや国家が「死滅」するのか「廃絶」するのかは重要な相違点ではない。目前の国家暴力との闘いが当面最重要であったからである。また、帝

国主義に抑圧された植民地におけるマルクス主義者の同盟相手は「民族主義者」であった。そこでの「民族主義」は他国や多民族を抑圧するそれではなく、被抑圧民族側の解放の思想として存在し、マルクス主義者たちは遠い将来に民族が死滅するかどうかは棚上げして同盟したのである。資本主義の帝国主義段階への発展は被抑圧民族内にそのような変化をもたらした。

同時に、当時は帝国主義諸国内でも「平和主義者」というマルクス主義者の「同盟相手」が形成された。マルクス主義はいつでも「平和主義」というわけではない。たとえば、中国や日本の戦国時代を終わらせた始皇帝や織田、豊臣、徳川の歴史的役割を認め、また明治維新という武力革命の正当性を主張するものであるから、何がその時々の歴史的進歩であるかの判断が優先する。

レーニンが『帝国主義論』で述べたことを解釈すると、帝国主義諸国間に不可避な再分割戦争は各国独占資本の利益を目的として人民相互の殺し合いを強制するものである。このために帝国主義諸国内の平和勢力も各国独占資本との闘争を不可避とし、よって「平和主義者」とマルクス主義者との同盟が成立することとなる。こうして、そもそもは異なる思想、政治潮流であるはずの社会民主主義もアナキズムも民族主義も平和主義もが、状況に依存してマルクス主義者と共闘することとなるのである。

しかし、繰り返すが、このことは逆に、状況が違えば共闘関係を解消することをも意味している。その意味で、現在の主要な政治的対抗関係をよくよく考えてみなければならない。たとえば、次のようなものである。

① 集団的自衛権の容認、軍事強化、憲法改悪に反対する闘い
② ①の闘いから派生した立憲主義を守り、時の政府の裁量的政治に反対する闘い
③ 沖縄米軍基地の強化に反対する闘い
④ TPPに反対する闘い
⑤ アベノミクスに反対する闘い
⑥ 消費税増税に反対する闘い

⑦「国家独占」たる電力資本の原発再稼働に反対する闘い
　⑧靖国参拝など歴史修正主義に反対する闘い

　④の反 TPP の闘いこそ「反新自由主義」文脈でも解釈可能であるが、それ以外はすべて国家介入・国家権力の強化・「大きな政府」政策に反対する闘いであることに気づくことができる。
　私は現在の日本人民の闘いは、その多くが「反国家主義」の文脈にあるのだと主張したい。つまり、現在の主要な日本人民の闘いは「反国家主義」として展開されているのであるから、十年一日の如く「反新自由主義」しか唱えない「新福祉国家論」はまったく間尺に合っていないこととなる。一貫してまじめに「社会民主主義と社会主義との連合」を志向されて来られた伊藤誠東大名誉教授も最近、「マルクス主義と無政府主義との収斂」を指摘した論文を書かれている（伊藤、2014）。「現代の状況」とは、このようなものとなっている。社会民主主義者でさえ、「反国家」に動いている時に、我々が国家主義の側に動くことはできない。
　この点でひとつ教訓的なことを述べておくと、ここ 20 年で共産党が躍進した国政選挙ではいつも「反国家」がスローガンとなっていた。2013 年の参議院選挙と 2014 年総選挙の躍進のみならず、全国で 820 万票、得票率にして 14.6％ を獲得した 1998 年の参議院選挙の際のスローガンが「無駄な公共事業の中止」であったことを思い出す必要がある。これは明らかに「小さな政府」のスローガンであったが、その後、小泉政権が登場してこのスローガンは政府側のものとなり、それに反対する側に立たねばならなくなった共産党は「守旧派」扱いを受けて得票数はほぼ半減している。もちろん、私はこの時の共産党の事情をよく理解する者であるが、それでも単純な「反対」ではない、もっと配慮ある主張であったならば、と残念に思う。たとえば、長期には政府規模が縮小する（政府が社会に再吸収される）トレンドを認めた上で、しかし小泉政権の政策は提案が乱暴であり、かつまた急ぎすぎるものとしての批判ができなかったのだろうか。
　要約すると、2001 年からの小泉政権時には共産党は「守旧派」扱いを受けたが、1998 年当時や現在は「進歩派」との扱いを受けることとなっ

た。その決定的な変化には、「小さな政府」が進歩的なスローガンとして登場したことが背景にある。私の表現では、時代が我々に味方し、我々をして「進歩派」の側に立たせることに成功した、ということである。この流れの意味を正確につかみ、不動のものにすることが今強く求められている。「立憲デモクラシー」はこの流れの基本的なスローガンとなろう。

なお、こうして「現在の対抗関係をつかむ」ということは、一時の政治的対抗関係を不動のものとして捉えず、その現実を曇りなく観察することの重要性を意味するが、それは言い換えると、現在の支配者が誰であるかを正確に認識するということになる。毛沢東は『毛沢東選集』第1巻の冒頭で「誰が敵が誰が友人か、これが革命の基本問題である」と述べたが、日本マルクス主義の独自の貢献たる講座派理論もそのような視角から形成されたものであった。講座派の理解では、戦前期の日本の支配構造を、半封建地主階級と日本独占資本を基礎とする天皇制軍国主義とした。また、その延長に講座派理論＝日本の正統派マルクス主義は戦後の日本社会をアメリカ帝国主義と日本独占資本の支配する社会と規定した。そして、実際前ページに挙げた現代日本の①—⑧の闘いのうち、①—④はアメリカ帝国主義との対抗イシュー、④—⑦は日本独占資本との対抗イシューである[3]。⑧については現在の安倍政権が右派世論をアテにして推進している独自の政策であると私は考えているが、ともかくそれぞれが誰の利益のために推進されているか、言い換えればどのような支配構造の下で生じたものであるかが認識されるべき重要なポイントである。

それぞれの支配者も、何がその利益になるかという状況認識で政策を変えている（例えば円高志向か円安志向か）という理解が重要である。簡単に言えば、支配者側の政策に「新自由主義」が選択されているか、逆にたとえば「国家主義」が選択されているかは状況により変わるのであって、状況によって異なる方法で利益が追求されている。私は実のところ、支配

---

3 ④はアメリカの利益のための政策であるという意味で「アメリカ帝国主義との対抗イシュー」であるが、日本の自動車産業の対米輸出拡大策であるという意味では「日本独占資本との対抗イシュー」でもあった。トランプがTPP交渉から離脱した理由もここにあった。

者側の政策の中心が国家主義的なものになってきていること自体が、彼らが時代の逆行者となってきていることを示していると考えているが、ともかく、状況により彼らの政策が変わる事、よって我々が注視すべきは「政策」よりも「支配構造」であることをここで強調しておきたい。

エコロジストとの同盟の客観的条件

ところで、こうしたマルクス主義者と他の思想・運動潮流との同盟については、「反成長主義者」ないしエコロジストと呼ばれる人々との同盟の発展について特に論じておきたい。ドイツなどヨーロッパの先進諸国におけるこの同盟は時に「赤緑連合」と呼ばれているが、我々の成熟社会論＝ゼロ成長論はこの同盟が先進諸国におけるひとつの必然として発生していることを強調している。

このことを理解していただくためには、碓井・大西2冊の共編著（2007, 2014）で解説した以下の議論を繰り返さざるをえない。すなわち、今、1000トンのある最終生産物を「機械」と「労働」の様々な「貢献比」で生産する次のような複数の生産技術を想定してみよう。

技術① 1000トンの最終生産物 ← 　0台の機械と1000時間の労働で生産
技術② 　　〃 ← 　5台の機械と　200時間の労働で生産
技術③ 　　〃 ← 　10台の機械と　50時間の労働で生産
技術④ 　　〃 ← 　20台の機械と　20時間の労働で生産

この場合、直接投入された労働の量との単純な比較では技術④がもっとも「生産的」ということとなるが、機械にもコストがかかり、労働価値説的に言うとその製造にも労働が投入されているということになる。ので、その労働量も加味した「真の労働生産性」が測られねばならない。今、これら機械の製造（厳密には上記1000トンの生産物の製造において減価償却される機械の減耗分の製造）に1台あたり10時間の労働が要せられるとしよう。そうすると、この技術①～④に投下されている総労働量はそれぞれ次のとおりとなる。

技術①　　　　0 台 × 10 時間 + 1000 時間 = 1000 時間
技術②　　　　5 台 × 10 時間 + 　200 時間 = 　250 時間
技術③　　　 10 台 × 10 時間 + 　 50 時間 = 　150 時間
技術④　　　 20 台 × 10 時間 + 　 20 時間 = 　220 時間

　つまり、こうして「真の労働生産性」で測った場合には、技術③のような最適な機械と労働の比率（「資本労働比率」と呼ばれる）があることがわかる。これは言い換えると、資本の蓄積（資本労働比率の引き上げ）にはある目標値があり、それに達した後には資本蓄積が不要になるということを意味するが、そうであれば「資本蓄積を第一義的課題とした歴史時代」は終わる。「資本主義の終焉」を我々はこのように説明している。[4]

　しかし、ここで重要なのは、こうして説明される資本蓄積の必要性の消滅がすでに先進諸国のゼロ成長において証明されているとの認識であり、この結果、反成長主義者ないしエコロジストの主張とマルクス主義者のそれは、政策提起としては一致するということである。反成長主義者ないしエコロジストは生産力発展自体に反対して「資本蓄積の停止」を主張するが、マルクス主義者は真の労働生産性最大化＝生産力最大化のためにそれを主張する。こうして背後の思想が正反対であっても、現実社会に対する主張は同じとなるのである。こうした状況の変化（この場合は資本蓄積の必要水準への到達）がマルクス主義と非マルクス主義との同盟の成立をもたらしているのである。繰り返すが、ここでマルクス主義は反生産力主義に転じたわけではない。エコロジストとは正反対の「生産力主義」という思想を持っていることを忘れることなく、しかし現実政治では同盟できるようになったというのがポイントである。

　なお、この考え方を私はすでに何度も表明しているが、ここでそれを記すのは我々の編著（2014）に対する望田幸男氏の書評（望田、2015）へ

---

[4] 以上は減価償却率や時間選好率などの細かな問題を省略した説明となっている。厳密には大西（2015b）を参照されたい。

の回答でもあるからである。望田氏とは長い付き合いで、ドイツなどにおける「赤緑連合」の理論的解明が必要だと常々聞かされてきた。[5]

左翼とマルクス主義の区別について

ところで、こうしてマルクス主義と各種の思想潮流との同盟の条件という問題を力説するのには、往々にしてそれら諸潮流とマルクス主義が混同されていることへの危惧がある。実際、松尾氏の議論でも、マルクス主義はそれ自体が論じられることはほとんどなく、「左翼」として一括されて各種の左翼はそもそも初めから同じものと想定されているように見受けられるが、そうではない。それぞれを正確に区別した上で、それぞれとの同盟の成立の条件を詳細に分析しようというのが私の提案である。

そのためにもここで一般に「左翼」と言われるものと「右翼」と言われるもの、そしてマルクス主義との関係を理論的に提示しておくのも重要と思われる。そのために、私が大西（2012）で示した以下の整理のための図を次頁に再掲し（図1）、社会に存在する諸対立を客観的に「説明する理論」としてのマルクス主義と「説明される対象」としての諸イデオロギーの違いを確認したい。

マルクス主義はもちろん、社会がある一定の成熟をなした段階で、たとえば封建諸階級の打倒と新興ブルジョワジーの支持を行ない、たとえば労働者階級の権力の奪取を主張する。その意味で、この「客観」は「中立」とは異なるが、とはいえ本来、マルクス主義イデオロギーは特定階級の利益を代弁することを目的としたものではない。マルクス主義イデオロギーは「科学的イデオロギー」として、特定階級の利益の代弁でしかない「虚偽のイデオロギー」と区別されるものであることに注意を払ってきた。そして、この意味では、松尾氏が言う「左翼理論」とは労働者階級をはじめとした弱者の利益の代弁のための理論となる。すなわち、図1でもし労働者階級が「階級A」であれば、松尾氏の「左翼理論」は「イデオロギー

5　望田氏の要望は実はフェミニズムとの同盟関係の解明にも及ぶ。この点は、私は「ソフト化社会論」という文脈で論じてきた。典型的には望田・大西（1990）がある。

第Ⅰ部　長期法則としての自由主義とマルクス主義

図1　階級対立の反映としてのイデオロギー対立

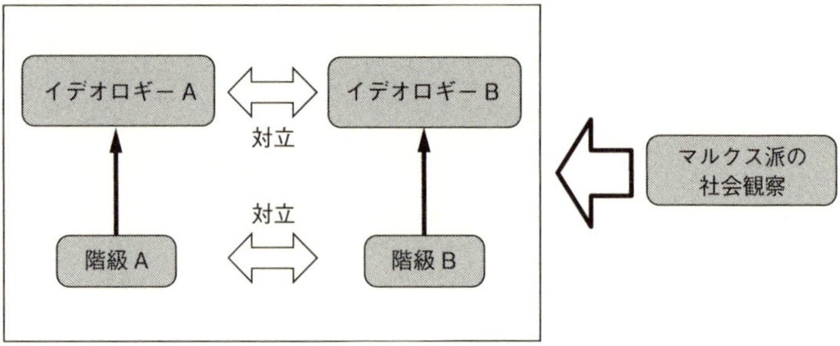

```
┌─────────────────────────────────────┐
│   イデオロギーA  ⇔  イデオロギーB    │
│        ↑      対立       ↑          │  ⇐  マルクス派の
│               対立                  │     社会観察
│     階級A    ⇔    階級B             │
└─────────────────────────────────────┘
```

出所：大西（2012）、p.28 の図を一部修正

A」であるということになる。

　もちろん、この「イデオロギーA」にも様々なバリエーションがありえようから、それは必ずしも社会民主主義理論には限らないだろうし、様々な弱者の利益を代弁するイデオロギーとしては、前述した民族主義やアナキズムや反成長主義や平和主義といったものがありうる。私がこの章でそれらの左翼諸潮流をケインズ主義あるいは社会民主主義と並べて論じたのは、それら各種の左翼諸潮流とマルクス主義が異なるだけでなく、次元が異なっていることを明確にする必要があると考えたためである。

　なお、こうしてマルクス主義と各種の思想潮流との関係を深めるためにさらにひとつ例として挙げておきたいのは、2014年沖縄県知事選で「オール沖縄」という形をとって、地元財界という「階級」と「平和主義者」との同盟が成立したことについてのマルクス主義的な理解である。この闘いの中で知事となった翁長雄志氏が選挙前から述べておられたことでもあるが、長い間、沖縄政治における対抗関係は経済優先の保守と平和優先の革新との間のものであった。しかし、ここにきて、中国や台湾からの観光客が増え、米軍依存からの脱却の方がずっと経済的にも沖縄の利益となる状況が生じた結果、保守と革新の矛盾は解消して「オール沖縄」が成立した。この同盟をマルクス主義者は進歩的なものとして強力にサポートしているが、もちろん本来、マルクス主義は本来地元財界の代弁者でも「平和主義者」でもなかった。マルクス主義者は同盟しても、彼らとまったく同じな

のではないということがここでのポイントである。

人間発達と国家の社会への再吸収

　以上で私の基本的な主張を述べることができたと考えるが、研究会の討論でやりとりをした「国家の社会への再吸収」の論点について若干補足的に述べておきたい。言うまでもなく、このマルクスのテーゼは「小さな国家」を主張する我々「成熟社会論」にとって非常に重要なものであるからである。少なくとも、上で述べた「政府の裁量性批判」の論点はまさに「国家の社会への再吸収」と言うにふさわしい内容であったはずである。[6]

　ただし、この問題については研究会での討論において牧野広義阪南大学教授から提起された「人間の行動パターンの変化」という論点についてここで付言しておくことの方がより重要であるように思われる。というのは、この「人間の変化」こそが「成熟社会論」の本当のポイントなのであり、だからこそ基礎経済科学研究所の理論的系譜の上にある私のような研究者が、以上のような理論的立場にたどり着いているのである。実際、基礎経済科学研究所として「未来社会論」（私としては「成熟社会論」と同義）を論じた基礎経済科学研究所（2010）では、私は未来社会における人間の問題を扱う「『能力に応じて働く』原理実現のための『共産主義的人間』の問題について」と題する章を担当し、「人間の変化」を論じている。

　基礎経済科学研究所の「人間発達論」は、その当初において「階級闘争の役割を軽視するもの」としてマルクス主義正統派からの非難を浴びたが、それには誤解されうる特質が確かに存在していたことが重要である。というのは、基礎経済科学研究所の「人間発達の経済学」は権力のあり方の前提としての「人間の変化」により大きな関心を向けていたからであり、たとえば、大工業の成立・発展による人間の発達や、市場経済の進展による

---

[6]　「国家の社会への再吸収」との言葉は『フランスにおける内乱』におけるものであるが、マルクスは『ゴータ綱領批判』でも次のように述べている。「自由は、国家を社会の上位にある機関から社会に従属する機関に変える点にあり、今日にあってすら、さまざまな国家形態は、それが『国家の自由』を制限する程度に応じて、より自由ないしより不自由である。」（『マルクス・エンゲルス全集』第19巻、27－8ページ）

「資本の文明化作用」が該当する。もちろん、かと言って国家独占の問題など権力の問題に関心を払っていなかったのではないが、ただそれらに留まらない社会の底流における変化を重視していたのである。

　しかし、こうして考えれば考えるほど、現在、我々の「成熟社会論」について非難を受ける論点と、基礎経済科学研究所が当時非難されていた論点とが非常に似ていることがわかる。こうして過去の論争との対比の中で現在の「成熟社会論」を理解していただくことも重要である。国家論のポイントはまさにここにある。

＊本章は雑誌『唯物論と現代』第54号（2015年11月）に掲載された論文を一部修正のうえ転載したものである。

参考文献

碓井敏正・大西広編（2007）『格差社会から成熟社会へ』大月書店
碓井敏正・大西広編（2014）『成長国家から成熟社会へ』花伝社
伊藤誠（2014）「21世紀型の社会主義と社会民主主義を考える」『月刊社会民主』2014年4月号
大西広（2012）『マルクス経済学』慶應義塾大学出版会
大西広（2015a）「マルクス経済学の主流派経済学批判」八木紀一郎ほか編『経済学と経済教育の未来』桜井書店、2015年所収
大西広（2015b）『マルクス経済学（第2版）』慶應義塾大学出版会
Onishi, Hiroshi and Ryo, Kanae (2015), "Piketty's r>g Caused by Labor Exploitation: A Proof by Marxian Optimal Growth Theory," *Marxism 21*, vol.12, no.3.
基礎経済科学研究所編（2010）『未来社会を展望する――甦るマルクス』大月書店
新野幸次郎、置塩信雄（1957）『ケインズ経済学』三一書房
松尾匡（2014）『ケインズの逆襲、ハイエクの慧眼』PHP新書
マルクス（1875）『ゴータ綱領批判』（『マルクス・エンゲルス全集』第19巻所収）
望田幸男・大西広『ゆらぐ大人＝男性社会――世紀末の若者と女性』有斐閣、1990年4月
望田幸男（2015）「書評　碓井敏正・大西広編（2014）『成長国家から成熟社会へ』」『人権と部落問題』2015年2月号

補論1　安倍政権は新自由主義ではなく国家主義

「自由主義」と「国家主義」の相違

　私が本書全体で論じていることのひとつは、社会の基本が自由主義化の方向で進む下で、左翼は反自由主義、国家主義の側に引き寄せられているということである。一方でこの間、先進各国の「右翼」には、逆に国家主義的な動きも表面化してきている。フランスやイタリア、オーストリア、ドイツなどでの民族排外主義政党の興隆がそれである。これらはいかなる意味でも「反自由主義」の国家主義的な潮流であり、考えてみればトランプの白人優越主義、移民排斥、そして「保護貿易主義」もまた同じく国家主義そのものである。そして、問題は、小泉政権時とは打って変わった現在の安倍政権の性格も「国家主義」そのものだということである。

　実際、この間に安倍政権が多くの市民から抗議を受け続けてきた主要なイシューは「新自由主義」に起因するものではなかった。安保法制は自衛隊と米軍という権力機構の裁量権の拡大を図るもので、秘密保護法と改悪盗聴法、共謀罪法は政府に反対する市民運動を取り締まるために警察権力の強化を図るものであった。ちなみに、この間、防衛庁の軍学共同研究予算は17倍に急増したが、これもまた学問研究への権力機関の介入を意図するものであった。最後に、森友学園や加計学園の問題も、学校設立に関する許認可権や土地売却に関する権力者の好き勝手な行動が問題の焦点であって、要するに支配者の「国家主義」が市民の抗議の対象となっていたのである。

　この点を小泉政権における「新自由主義」との対比によって理解することは重要である。なぜなら、小泉元首相の基本的な政治姿勢は国民大衆の反権力的な志向性の側にあり、したがって当時の内閣支持率は現在よりもっと高く、「マルクス派」たるべき共産党の支持率は戦後最低レベルにまで落ち込んだ。その結果、小泉元首相は市民運動やマスコミを監視した

りコントロールしたりする必要はなく、秘密保護法と改悪盗聴法は不要、共謀罪法も当時は強行採決されることなく廃案とされた。これは小泉純一郎の政策志向が「国民受けするもの」であったのに対し、少なくとも上記の安倍晋三の政策志向が「国民受けするもの」でなかったという違いによる。「自由主義」と「国家主義」との志向性の違いを反映した相違と考えられる。

アベノミクスも一種の国家主義

ところで、安倍政権のこうした国家主義は以上のような特殊政治的な個別イシューに留まるものではなく、実のところアベノミクスという経済政策にも貫かれている。アベノミクスは以下に述べるように「一種のケインズ主義」として総括されるが、ケインズ主義の国家主義を多くのマルクス経済学者は過小評価している。このため、ここではアベノミクスについて少し論じておきたい。

確かにアベノミクスの「第三の矢」とされた規制緩和は「新自由主義」のそれに見えるが、その実、森友学園や加計学園に見るように、権力者の権限の強化以外の何物でもなかった。そして、その実態を暴いたのも市民の運動であったということが重要である。加計学園の認可が下りたのにはそもそも学校設置に関する権限が政府にあったことが根拠とされ、さらには本来文科省にあったその権限を「国家戦略特区」設定の権限を使って官邸が略奪したというのが事件の真相であった。

つまり、「国家戦略特区」は確かに「規制緩和」を実現したのであるが、何を（あるいはどの学校を）規制の対象から外しどれを外さないかの裁量は官邸に握られ、その意味でこの「規制緩和」の目的は実は権力者の権限強化にあったのである。

ちなみに、この権限を握ることとなった国家戦略特区諮問会議議員はたったの10名で構成され、議長を勤める安倍首相以外にも、自分の会社（パソナ）への便宜を得て利益をむさぼった竹中平蔵氏が含まれている。竹中氏の「新自由主義」も何だそのためのものだったのかと興ざめする。

アベノミクスに見られるケインズ主義

　アベノミクスにはあと 2 つの「矢」があるが、その「第二の矢」たる「国土強靱化計画」が国家主導型の土建政治そのものであったのは言うまでもない。実際、東北の復興事業も東京の築地市場豊洲移転の公共工事も政権与党と密接にかかわったゼネコン各社が揃って受注し、また正規非正規の政治資金を与党に還流したことが明らかとなっている。したがってここでは、最もアベノミクスに特徴的なものとされる「第一の矢」たる「大胆な金融緩和」もまた一種の国家主義としてのケインズ主義であるという問題を説明しておきたい。

　ケインズ主義には財政政策と金融政策とがあるが、そのどちらもが政府や中央銀行の裁量政策の有効性を主張するものであり、したがって、市場の自由な競争メカニズムにではなく、広義の政府部門の介入政策を正当化する国家主義的な性格を持つものである。たとえば、財政支出の拡大策（正確には赤字財政策）は総供給に対する総需要の超過をもたらして貨幣価値を切り下げる＝物価を上昇させるが、これは実質賃金を下げることになる。そうすると企業は雇用を拡大するので経済を活性化できる（国民所得を増やせる）という因果関係をケインズ経済学は想定している。この問題を過去に置塩信雄は、企業の決定態度（ここでは実質賃金が下がらない限り雇用を拡大しないという態度）に手を付けない下での、言い換えればそれを不問にした上での経済の拡大策にすぎないとし、その意味でケインズ経済学をブルジョワ経済学と定義した[1]。労働者の負担で経済を拡大させる政策と言い換えてもよい。

　この特徴はケインズ主義の金融政策にも貫かれている。金融緩和策はさらに低金利政策と貨幣供給政策に分けられるが、どちらの政策も実質金利（名目金利マイナス物価上昇率）を引き下げて投資を拡大し、よって雇用＝経済の拡大を図るものである。そして、ここで重要なのは、ここでも結局、生産物市場の超過需要によって物価を引き上げ、よって実質賃金を引き下げることがポイントとなっている。上記の繰り返しとなるが、企業

1　新野・置塩（1957）の置塩執筆部分を参照のこと。

＝資本家の雇用決定態度を前提とする限り、雇用の拡大（経済の拡大）は実質賃金の引き下げ以外には存在しないからである。世間では「デフレ脱却」にはインフレ政策しかないと喧伝されているが、インフレとは実質賃金の引き下げに他ならない。労働者からするとそんなものを目標にされてはたまらないのである。ともかく、自由な市場メカニズムがもたらす自然な価格水準ではなく、人為的に賃金を下げ、それによってマクロ経済を左右しようとする政策である。一種の国家主義であるとはその意味においてである。

効果の実際

　ただ、実のところ、こうして安倍政権が目標とした２％のインフレは次ページの図１に見るように実現していない。政権成立後１年半ほどまでの間はややそれに近い物価上昇が存在したが、その実態は以下に詳述する円安による輸入物価上昇の影響にすぎなかった。輸入物価の上昇分はすべて外国への支払い増に帰結するのであるから、これが国民経済にとってのダメージであることはさすがの安倍政権も否定することはできない。消費者がそのような不利益を受けても、輸出企業にとっては巨額の紙幣供給増がもたらす円価値の低下＝円安が莫大な利益になるので、それを目的に実際は「大胆な金融緩和」が断行されたのである。

　円安が輸出企業にとって「濡れ手に粟」であるというのは次のような事情による。すなわち、安倍政権成立直前には１ドル＝80円程度であった為替レートが一時は１ドル＝120円程度にまで変わっているが、このような変化はたとえば２万ドルの車のアメリカでの販売が円ベースで1.5倍に拡大することを意味しているからである。１ドル＝80円であれば160万円の売り上げであった２万ドルの車が、１ドル＝120円になると240万円の売り上げになる。円安を受けてこの間、トヨタの年間純益は5000億円程度から２兆4000億円程度にまで急増している。これはもちろん、他の輸出系企業においても同じである。

　日本はこのために2016年にアメリカ財務省によって「為替操作国」となる可能性のある「監視対象」とされている。「国家の恣意的な政策」だ

図1 消費者物価指数上昇率（消費税効果を除く）の推移

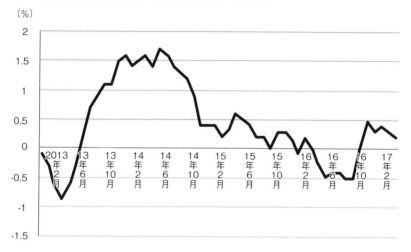

と、海外からは理解されているのである。

参考文献

新野幸次郎・置塩信雄（1957）『ケインズ経済学』三一書房

第3章　民主的改革論の「失敗」と
マルクス派の経済政策論

はじめに

　マルクス経済学が経済政策を論じる視角は、資本主義を永遠のものとし、場合によってはその延命を図ることを目的とする近代経済学のそれとは異なる。また、経済を操作可能な単なる対象と捉える「経済工学」とも異なり、「法則認識の科学」たることを回想しなければならない。ここで「回想」というのは、その本来のあり方が忘れ去られているように見えるからである。

　私は過去に、マルクス経済学を「政策科学」に発展させることを意図した研究グループに属していたが、そのグループ・メンバーの多くはその後、狭義の「政策科学」から離脱をしている。その理由は何か、そして、その結果として何を「経済政策」として研究するようになっているかを本論文では論じたい。具体的には、国家の規模に関する法則性、失業率変動の法則性、成長率変動の法則性、政策主体としての政府の中立性問題、労使関係の法則性、株式会社社会主義論などを論じたい。

「政策選択論」として社会変革を捉えた民主的改革論の失敗

　上述のように私は1980年代初頭に「民主的改革論」として展開された正統派マルクス経済学内の研究グループに属し、その文脈で大学院修士時代に研究を始めた。私の師は京都大学の野澤正徳先生であったが、神戸の置塩信雄教授とのジョイント・プロジェクトとして「日本経済の民主的改革」を実行する経済政策を策定し、その効果を予測・測定するプロジェクトであった。ともに大月書店から両先生を編者として刊行された『講座　今日の日本資本主義　第10巻　日本経済の民主的改革と社会主義の展望』（1982年）と『日本経済の数量分析』（1983年）に集約されたこの

プロジェクトでは、マクロ・モデルと社会階層別モデルという2本の計量経済モデルが構築され、私は野澤教授の下で後者の作業に加わった。

　大企業、中小企業、個人企業、その他企業、と企業を4部門に分割し、かつまたそれぞれの部門での分配を役員報酬と賃金に分けたこのモデルの構築には相当の苦労があったが、その構築によって大企業やその役員への増税、中小企業や個人業主への減税や補助金、そしてその結果としての消費増が国民経済にどのような影響を与えるかを予測・推計することが可能となり、我々が「民主的改革」と呼んだ整合的な政策体系の提示を行なった。また、アメリカの肩代わり政策で推進される軍事費の拡大を辞めればどのような国民的利益があるかも推計した。こうして現政権の政策体系は間違っていること（労働者や中小企業家、個人業主の利益とならないこと）、別の政策体系を行なう政府を被支配階級が選択しなければならないことが説明できると考えたのである。

　日本の正統派マルクス主義は「社会主義革命」に先立って反帝反独占の民主主義革命が必要だと主張していたのだから、その政策体系に沿ったものとして基本的にはこのプロジェクトは肯定的に評価された。それは、このプロジェクトが日本の正統派マルクス経済学が総力をあげた『講座　今日の日本資本主義』全10巻の最終巻としてセットされていたことからも伺える。ちなみに、この『講座』自体、戦前の『日本資本主義発達史講座』の現代版と位置付けられていた。

　しかし、それでも、このプロジェクトに参加したほとんどのメンバーはその後、「政策研究」から「理論研究」に移行する。その理由は何か。本稿が論じるのは基本的にこの事情となる。言い方を変えると「マルクス派経済政策論」として研究されるべき、論じられるべきものは何かという問題である。

　こうした「転換」のひとつの契機となったのは、雑誌『現代と思想』上の是永純弘氏による論文（是永、1979）であった。この論文は、上記プロジェクトの成果刊行前のものであり、かつ「民主的改革の政策論」というよりそのために作成される数量モデルへの批判であったが、是永氏と同様、「マルクス派経済統計学会」に属する京大および京大出身者のグルー

プ（つまり野澤グループ）にとっては無視できない批判として提起され、よってマルクス派の政策論はどうあるべきかを真剣に考える契機となった。各人それぞれが考える方向性には様々なバリエーションがあったが、たとえば私の場合には、労働者への賃金分配による消費増の効果だけを見るのではなく、投資減の効果も見なければならない。そして、その効果は資本蓄積を減退させるから「生産力効果」をも含まねばならない。それを含む計量経済モデルとはどのようなモデルであるべきかをテーマとして修士論文を作成した。言い換えると、需要サイドのケインズモデルに代わる供給サイドのマルクスモデルとはどのようなモデルであるべきか、という問題であった。

　この問題を少し表現を変えて説明すると次のようになる。すなわち、計量経済モデルというのはどのような理論に基づいても構築することができるので、我々が「政策モデル」として何かを作るのであれば、その前にまずは何がマルクス的な理論であるかを確定しなければならない。が、その検討が不十分であった。ので、「政策研究」の前にケインズとマルクスとの関係、あるいは新古典派との関係などについてまずは研究を深めねばならない。それが先決だとの認識に達したのである。他のメンバーもテーマこそ違え、やはりそれぞれの理論研究に帰って行ったのというのが実情である。こうして「民主的改革派」はいわば自然消滅することとなったのである。

社会変革にとってのキーは整合的経済政策か？

　ところで、「民主的改革論」には様々な理論的特徴が存在したが、そのうちのひとつ「経済整合性論」について述べておきたい。これはたとえば、野党は賃金分配の一方のメリットを述べるが他方のデメリットを論じない、財政の追加的支出を要求するがそれに見合う歳入源を明確にしない、といった野党に対する批判に答える目的で言われ始めたものであり、実際、重要な論点である。民主党政権の失敗も、この点での緊張感のなさが財政赤字を急拡大させ、最終的には公約違反の消費税導入へと向かったと言えよう。このような失敗があれば、野党には「政権担当能力」がないと見な

され、現体制の転覆が不可能となる。よって、日本の共産主義政党は社会民主主義政党と違ってこの問題を特別に重視してきた。この伝統のひとつに「民主的改革論」の「経済整合性論」があったと理解されるので、民主的改革論が重視した経済整合性論は、今でもなお非常に重要な、忘れてはならない政策上の前提条件なのだと認識しておくことは重要である。

　しかしその上で、「整合性ある政策体系がないと政権奪取はできない」のかと吟味すると、現実の政権交代はそういうものではなく、もっと大きなレベルの変化、選択が争われているようにも思われる。トランプ政権成立時の選挙であれば、製造業を守るために保護貿易主義に回帰するのかそれとも自由貿易主義を継続するのかが問われ、日本の民主党政権成立時には消費税や普天間基地移設問題などが争点となった。もっと抽象的に言うと、労働者的政策と資本家的政策の選択である。政策に整合性がとれているのは当然のことで、前提条件ではあるが、いつも主要に争われているのはもっと大きな路線選択である。細かな整合性は、二次的な問題あるいは政権獲得後に本当にうまく政策運営できるかどうかというレベルの問題と考えた方がよい。我々「民主的改革論」のグループが当時検討したケース・スタディにはチリのアジェンデ政権の崩壊とその経済政策上の失敗があった[1]。そうした意味で、政権獲得後に整合性のある政策をとれる能力は極めて重要であるが、それは一種の前提であって、それ以上に重要なものはもっと大きな路線選択である。チリのクーデター後に世界と我々が経験した諸国の政策的争点も、結局はそういうものだったと考えるのである。

　たとえば、2016年の韓国の反朴政権デモの広がりは若者の政権支持率を0％にまで低めるほどの大規模なものであったが、実際に政権を下野させたこの運動は「それに代わるもの」の基本線をたとえば特定の人物の特定の利益のためではなく、公平な政治というものに置いた。この基準で言えば日本の安倍政権はとっくの昔に打ちのめされていなければならないが、

---

[1] 置塩・野澤編（1982）、川口清史氏による補論がそれである。マルクス自身もパリ・コンミューンの経験を詳細に分析するなど、こうした問題への深い関心を示しているが、同時に旧支配階級の反乱を「散発的」なものと表現するなど軽視している節もある。『フランスにおける反乱』第一草稿（『全集』第17巻517ページ）参照。

これは言い換えると「公平な政治」が政権の維持・下野に関わる大きな論点であるということになる。私はこの問題を「安倍政権の新自由主義が問われているのではなく、その国家主義（国家権力の乱用）が問われているのだ」と理解しているが、ともかくそうした政権のあり方、誰のための政権であるのかといった大きなレベルの選択が争点となっていた／いるのである。細かな政策が問われているのではない。

したがって、本来、政権選択としての社会変革のためのプロジェクトであった「民主的改革論」は、経済整合性の主張という重要論点を積極的遺産として後に遺したものの、全体としては社会変革の中心的プロジェクトではなくなることとなった。労働者のための政権をつくりたければ、そこで果たされるべきマルクス経済学のより重要な課題は、別のところに設定されねばならなかったのである。

それでは、何がより重要な問題として課題設定されねばならなかったのか。この問題を考えるために、「民主的改革論」の「失敗」に関わる3つの論点を提起し、そのそれぞれについて考察を行なってみたい。具体的には、①民主的規制論の意義と限界、②政府政策にすべてを収斂してはならないこと、そして③長期法則の認識が政策評価の前提となることである。

民主的規制論の意義と限界

まず論ずるのは、民主的改革論がそのある種の目玉として提起した「民主的規制論」である。これは、従来の何でも国有化するといった非現実的な政策提起からの決別としての意義を持った一方で、「資本主義とは何か」という根源的な持081について置塩信雄氏が鋭角的に提起した回答と鋭く関わっている。置塩（1980）は「所有の実質は決定権である」との提起を行ない、よって「生産手段の私的所有の廃止」とは「生産に関する決定権を国民が獲得することである」とする。

つまり、形式的には「私的所有」が維持されたとしても、その決定を国（や労働者）が握ればよいとして、国による直接的な生産関係への介入を主張する。具体的には販売価格や賃金の決定に関する介入、投資決定に関する介入、雇用決定に関する介入および稼働率に関する介入であり、それ

第3章 民主的改革論の「失敗」とマルクス派の経済政策論

らを総称して「民主的規制」と呼んだ。そして、この立場は「国有化論」からの離脱として歓迎されたのである。

しかし、話はそう簡単には行かなかった。こうした介入の効果を計量モデルで計測するのは簡単ではあるものの（たとえば、特定の生産額に対応する雇用量を増やすためには雇用関数の定数項を変化しさえすればよい）、それがあまりに容易であるがために、その現実的条件がどこにあるのかの検討が必要になる。あるいはまた、政府が無理やりに追加雇用させるとはどういうことか（たとえば企業監視のための公務員を大量に雇用するのか）、損失を増やしても追加雇用させるとはどういうことか（たとえば個別企業に追加雇用の人数をそれぞれ指示するのか）、そうした圧力はどのように現実になされるのかが問われることとなった。

もちろんこうした「圧力」には、（独占）資本家が経済的なレベルでも行なうであろうリアクションへの対応も問題となる。たとえば、発生しうる生産サボタージュにはどのように対応するのか、といった問題もあった。論文などで以上の諸問題を公開したわけではないが、プロジェクト・メンバー間で議論されたこうした諸論点を聞いて私が考えたことは、政府による対企業の規制とは「〜してはいけない」というようなものは可能でも「何らかの嫌がる行為を無理やりにさせる」のは非常に困難であるということであった。前者にはたとえば有害物質を使用させないとか、汚水の垂れ流しを禁止するとかいうもので、問題があっても現実に機能している。しかし後者は、具体的イメージが涌かないという問題である。

そのため、当時の私は生産増にとって必要なのは規制ではなくむしろ競争政策であると考えた。なぜなら、「独占資本主義」の弊害とは独占状態ないしそのための生産抑制であるのだから、その打破のために必要なのは、競争を厳しくすることによる生産抑制への対抗策であるべきだという論理である。私が修士論文でケインズ派計量経済モデルに対抗して作成したマクロ計量経済モデルは「供給重視のマクロ・モデル」であったが[2]、そこでやろうとした「政策シミュレーション」も「競争促進政策」であった。こ

---

2 これは大西（1983）として発表した。

れは何と「規制緩和政策」に通ずる。この意味で、「マルクス派」の「経済政策論」も国有化論、民主的規制論を経て新古典派的なものを再評価せざるを得なくなっているというのが私の認識である。

なお、こうした政策論上の立場のシフトは企業のあり方に対する考え方の変化をも帰結しないわけにはいかない。上記のような「民主的規制」をもっても、もちろん「国有化」をもっても企業を「社会主義的」なものとしないのであれば、将来における企業のあり方とはどのようなものとなるのであろうか。この問題へのその後の私の思索は碓井・大西編（2007）第６章における「株式会社社会主義論」に帰結することとなった。この趣旨は、マルクスやエンゲルスもかなりな程度に「所有の社会化」として株式会社を評価していたというところに論拠があるとともに、株式上場制度における不特定多数による株式売買を通じた経営層への圧力を評価するもので、「参加（voice）」という「民主主義的」な圧力よりも「退出（exit）」という「市場的」な圧力を評価するという意味では大きな意味を持つ。こうした「圧力」は、「決定」への関与そのものであるから、置塩理論的にも「所有の社会化」以上に重要である。

ともかく、マルクス派内にも株式会社制度を積極的なものとして評価しようとする流れはいくつかあるわけだから[3]、この点はもっと本格的に検討されるべきではないだろうか。

政府政策にすべてを収斂させてはならないこと

２番目に論じておきたいことは「民主的改革」とは単なる政権選択の問題ではなく、「社会」レベルにおける力関係の変化による生産や分配部面での変革をも含むということである。たとえば、「生産」部面では、上記のような株式会社制度の進化やNPOなど社会的セクターの発展がある。

これらの発展に寄与する政府政策の実現という課題もあるが、ともかく、それらとは無関係に「社会」内部で独自に取り組まれる課題を無視してはならない。選挙で選ばれることを主に活動を行なう政党はどうしても「政

---

[3] 古くは廣西（1967）に始まり、有井（1991）、小栗（2005）、中野（2009）などがある。

府政策」に問題をすべて収斂させる傾向があるが、それは「改革」のすべてではないのである。

　これはもちろん、「分配」部面の問題についても言える。ピケティを含む社会民主主義はどうしても「再分配」に関心を集中させ、結果として「大きな政府」を要求することとなってしまう。この原因にはその推進者としての政党の利益もあろうが、「生産、分配への直接関与」のリアクションへの恐れもあるのではないかと考える。たとえば、賃上げは価格転嫁や雇用減という企業側のリアクションを生むが、賃上げをせずにまずは企業に利益を上げさせ（あるいは資本家に利潤を分配し）、その後になって初めてその利益の再分配をすればネガティブなリアクションは少なくできるかもしれない。私に言わせると生産決定への介入を回避する社会民主主義の立場はこうした恐れから始まっている。先に論じた趣旨から言えば、私もまたこの感覚は共有できる。が、そうすると国家という厄介な別種のものを許容してしまうこととなり、実際上はそれに容易にアクセスできる者の権力を強めることになる[4]。韓国の朴政権退陣の際に問題となり、現在の日本の安倍政権で問題となっているのはこのことである。

　したがって、「経済政策論」を考える際に抜かしてはならない重要論点には、それぞれの政策がどのような政府の権力＝裁量権をもたらしてしまうのか、そこで生じる裁量権を制限するにはどうすればよいか、といった問題がある。ハイエクやフリードマンに始まる「新自由主義」の真面目な問題関心である。たとえば、公共工事で景気浮揚という場合にも、現実にどの公共工事を優先し何を優先しないか、どの企業に発注するのかしないのかといった裁量は何だかんだ言っても一部の権力者に委ねられることになる。現在争われている労働時間規制についても、業種、職種ごとの判断

---

[4] ここで最初から政府の経済活動への介入を否定的に表現するのは、政策主体としての政府がそもそも独自の利益を持ち、その権限の拡大が社会全体の利益と異なるとの認識を私は持っているからである。そして、政府の権力者は多くの場合、民間の有力者・有力階級と結びついている。「大きな政府」論者は、こうした現実の政府の問題を過小評価し、政府はあたかも中立的な存在であるかのように主張する。マルクス派はそうした立場に立たない。

がどうしても政策策定者によって行なわれることとなってしまう。これは再分配政策でも同じで、家族構成や子供の年齢、進学の有無などさまざまな基準のどれを優先するかを政府が決めることとなり、言ってしまえば、その権限があるからこそ政治家は特定勢力と結びついて利益を享受することができるのである。このため「大きな政府」を嫌うメンタリティーにはちゃんとした根拠があり、よってそれを最大限に回避する政策が模索されなければならない。そして、その意味では、たとえ「政府介入」ではあっても、権力者の裁量権には結びつかない「政府政策」としての最低賃金政策（最低賃金の引上げ）が望まれるのではないかと強く考えるようになった。

　この政策が望ましいと思われるのには様々な理由がある。「最低ライン」の引上げなので賃金格差の是正につながること、低賃金労働者の無制限な長時間労働をなくすには短時間でも生活できる環境の整備（時間単価の引き上げ）が根本的に必要なこと、それによって労働時間規制への政府介入の必要性が減少すること、そして、そもそも、これは「再分配（2次分配）」ではなく1次分配上の問題なので、政府が各企業に強制するのは自分が雇った労働者にはそれ相応の賃金を払いなさいという強制にすぎないという理由がある。各企業に他企業の労働者への利益分配を強制するのではなく、その企業が雇った労働者に対して分配をするのだから、各企業も納得しやすいのではないだろうか。もちろん、こうした強制は国家によるものではなく、労働組合を通じた非政府的なものであればなおよい。

　実際、私はいつも思うことであるが、マルクス経済学の主要問題は労使関係にあるにもかかわらず、学者の関心は「政府」にのみ向きすぎている。上述の社会民主主義と同様、「生産」への介入を拒否する近代経済学はいよいよその傾向が強く、「大きな政府」か「小さな政府」かのみをいつも論じている。が、政府以前に1次の分配が焦点となるべきであって、このことはマルクス主義の古典が繰り返し論じていたことである。

　たとえば、エンゲルスは『住宅問題について』で、政府の「住宅政策」は無意味だと喝破した。労働搾取による貧民の大量発生がある限り、特定地域の居住環境を改善しても、貧民は他に移って新たな貧民窟を形成する

にすぎないとエンゲルスは説き、問題の根源は搾取＝１次分配にあると主張した。「政府介入」によって事後的に問題を解決しようとしてもそれは本質的な解決とはならないこと、問題の糊塗に終わること、よって「生産」の場で問題を解決すべきだと主張したのである。我々マルクス派の解決策は「大きな政府」ではない。

長期法則の認識が政策評価の前提──資本主義は永遠でない
　最後に問題としたいのは長期法則との関係である。最近の労働政策をめぐる問題のひとつに、年功序列的な日本型賃金体系からアメリカ型のフラットな賃金体系への転換があるが、後者の痛みを回避するために前者への回帰を求める意見がある。が、それは歴史の法則的な理解としてありうるのかどうか、その理解に依存して評価は異なってくる。つまり、政策の良し悪しを判断する「政策の科学」の前に、「法則の科学」としての経済学の判断がなければならない。
　この賃金体系問題について言えば、日本型経営とアメリカ型経営のどちらが将来に持続可能なシステムと言えるのか、あるいは同様に、ゼロ成長化した日本経済でも一般的な年功序列賃金が可能かどうかという問題がある。私の場合は、碓井・大西編（2001, 2007, 2014）で一貫して主張しているように、ゼロ成長下では一般的な年功序列賃金が持続不可能との判断である。各企業の職位＝賃金はピラミッド構造をしているが、高度成長期には学卒で最低の賃金ラインから入った誰もが上位の職位＝賃金に上がることができた。それは、各企業も高成長したためにそのピラミッド自体もこの過程で大きくなり、よって20歳前後で入社した者たち全員が、30年後の50歳頃にはそれ相応の高い職位＝高賃金を得られたからであった。ただ、高成長が終わるとピラミッドの成長も止まるので、年功序列賃金は不可能となる。したがって、高成長が終わった今、古い日本型経営とその賃金体系を復活することは不可能である。日本的経営に回帰できるかどうかはその良し悪しではなく、歴史の長期法則をどう見るかで判断されなければならないのである。
　もちろん、この私の判断には異論もあろう。が、ここでの問題は日本的

経営の将来における存在可能性の判断それ自身ではなく、長期に何がしかの歴史法則があるのであれば、その法則と無関係に経済政策を考えられないということである。ここで合意いただきたいのはこの一点である。

この論点のために「成長率変動の歴史法則」についても少し展開しておきたい。巷には依然として、日本経済に成長率アップの奇策があるという意見が存在するが、そうは言っても先進国全般の成長率が途上国全般の成長率より低いことは否定できない[5]。つまり、多少の突発的な成長率の上昇があったとしても、やはり長期平均的には成長率が低下するものと見なければならない。そして、もしそうすると、こうした成長率の低下は上記のような賃金体系だけではなく、様々な構造的変化を要することになる。たとえば、工業団地の造成を中心とした地域政策はもはや完全に過去のものとなり、マクロ・レベルでの投資財部門の比率は低下せざるを得ず、また地価上昇を想定した金融システムも終えなければならない。これらはすべてマクロの政策形成にとって極めて重要な問題であるから、我々は「政策論」の前にまずもってこの法則の可否をこそ研究し、確定しなければならない。繰り返すが、これが「法則の科学」としての経済学の役割なのである。

実際、以上のような雇用制度の変化や成長率に関する問題以上に、政府の規模に関する問題はその法則性が経済政策論に鋭く直接に関わってきた。たとえば、自由貿易は推進されるべきかどうか、民営化や規制緩和にどう対処すべきかといった問題であり、私は多くのマルクス派研究者とは違って、これらを不可避な歴史法則と捉えてきた。実のところ、何がマルクス派の経済政策論かを論ずる本章でこの自説への同意は必要なく、ここで理解してもらう必要があるのは、この見解に依存して経済政策論のあり方はまったく変わってくること、言い換えれば、この判断のための研究こそがより根本的な「経済政策論」であるということである。

しかし、こうした最低限の合意を得るためにも、(資本主義成立後にお

---

[5] この問題は私の研究グループが開発するマルクス派最適成長論の最重要な結論である。この結論を最初に導いたのは山下・大西(2002)である。

ける）政府規模の長期歴史的縮小に関する私の説明も少しは行なっておきたい。

私立大学／国立大学、私鉄／JR（国鉄）、「民間外交」／政府外交

　政府規模の長期歴史的縮小についての私の説明は、初期資本主義では強硬的で急速な資本蓄積が必要となるため、先発資本主義諸国では経済への強力な国家介入が原始的蓄積として行なわれ、その後も日本やドイツでは戦前期の統制経済として、途上国では開発独裁として、毛沢東期の中国や旧ソ連では「国家資本主義」として実行されたという話が基本である。それに加えてここでは、最近考えている私立大学と国立大学との関係、私鉄とJR（国鉄）との関係および「民間外交」と政府外交との関係について論じておきたい。

　私立と国立の大学経営の問題であるが、両方での勤務を経験して感じる最大の問題は、国からの潤沢な資金提供があってもうまくいかない国立大学の問題は政府の過剰なコントロールによって生じているというものである。良心的に受け取れば、私学より良い国立の教員／学生比は国家がその責任で良質の教育を保障しようというものである。が、慶應の経済学部と商学部の学生総数の1／9しかない京都大学経済学部の学生数は「良質」というより、実際は過小で、多くの教員はより多くの学生を集めたいと考えている。が、政府による学生数の制限でそれは適わず、さらには授業料収入も不足するから財政は苦しくなる。これは制度の問題であって、国立の教員たちの問題ではないと強く感じることとなった。国立ではこれ以外にも「忖度(そんたく)」による教育内容のバイアス、奇怪な学部編成などといった問題も「国立」であるがために生じている。これは要するに国有セクターと民間セクターの経営効率の問題である。[6]

---

[6] ここでは大学の「研究所機能」については一応度外視し、「教育機関」としての機能のみに関して論じている。なお、本文では述べなかった「小さなこと」ではあるが、国立の校舎の立派さと掃除の不十分さとの対比も気になっている。私学では校舎の建設と掃除などのメンテナンスのコストは効率的に配分されているが、国立では校舎は概算要求、掃除は運営費からの支出となって、後者のアンバランスな不足が目に見える。これもまた、政府規制の失敗の一例である。

第二の事例としての私鉄と国鉄（JR）の違いも私は東京に来て強く感じたものである。東京の都心が形成された当初には、まずは山手線と東海道線、東北本線、中央線といった国鉄の幹線が整備されている。そして、その後に私鉄は品川、五反田、目黒、渋谷、新宿、高田馬場、池袋といった旧国鉄の駅から支線のような形で敷設された。この時点ではどちらが「主」でどちらが「従」であるかははっきりしていた。が、その後、山手線内を縦横に走る地下鉄と私鉄が相互乗り入れ可能に直結されると、何と今や都心の各地点へのアクセスは私鉄の方が便利となるに至っている。国鉄はその後 JR となって東京上野ラインや湘南新宿ラインのような都心貫通型の運行を開始し、別種の強みを発揮しようとしているが、軌道の幅の違いによって地下鉄との相互乗り入れはできない。こうした特殊的な問題もあるが、鉄道敷設の当初におけるディスアドバンテージ（不利）が後には逆にアドバンテージ（有利）に変化するという事例のひとつと理解したい。歴史の発展は有利と不利とを逆転させる。

　第三の事例としての民間外交と政府外交という問題については、過去に民間の国際交流が限られていた時代と現代は違うということを述べたい。現代においては、どの国とも経済、文化、学術、スポーツなどなどの深い交流が広がっており、それこそが「国際交流」の中心を担うに至っている。たとえば、政治的な日中関係がいかに悪くとも、財界の日中交流は無関係に進んでいる。あるいは、北方領土のようなものでも、「領土」としての変更がなくとも現実に日本人が住むなり経済交流を深めるなりしていけば、それはそれで「国境」の意味を薄めることは可能である。ので、これはもはや「外交」というものさえ、「政府的」なものから「民間的」なものに重点が移りうることを示しているのではないだろうか。

欧米港台の revolt から学ぶ「自由化のコントロール」

　私は、こうした論点以外からも様々な角度から国家の縮小は歴史の法則だと主張してきた。たとえば、最近でも大西（2015c, 2017a, 2017b）といったものがある。が、それが法則だと言っているだけでは不十分なことも当然認識している。つまり、たとえそれが長期の法則であっても、どの

ようなスピードでそれを進めるのか、あるいはどのように形で進めるのかは重要な問題であって、もっと言うと、労働者への一方的な負担転嫁でそれを進めるのかどうかといった問題について「経済政策論」で詳細に検討されなければならない。実際、現実世界の政治的紆余曲折とはそのような模索の過程であったともいえる。

たとえば、この間、世界で問題となった自由貿易などの経済統合を例にとると、イギリスの EU 離脱投票も、トランプを当選させたアメリカの大統領選挙も、ついでに言うと、当選こそしなかったがフランス大統領選挙におけるメランションやルペンの健闘も、どれもが自由貿易や移民流入による不利益への労働者階級の強い反発を示したものであった。しかし、EU の自由貿易主義は、第二次大戦前のブロック化が戦争を招いたことの反省の上に立っており、ノーベル平和賞（2012 年）も受賞している。

そのような意味でも、また前述のように歴史の基本的な傾向であるという意味でも[7] これらは歴史の法則に則った進歩と捉えられるべきものであるが、それでもそれがもたらす耐え難い不利益にイギリスやアメリカ、フランスの労働者階級が強く反発をしたのである。特に、イギリスやアメリカの金融資本家階級（エスタブリッシュメント）は EU との強い経済関係や自由貿易主義によって逆に大きな利益を得ているのであれば、その反発は根深くなる。たとえそれが「歴史的に正しい方向」であったとしても、それをうまく進めるためにはその過程で生じる様々な諸利害を調整し、一方的に特定の階級だけが不利益を受けるようなことは避けなければならない。この意味で、各種の配慮とバランスのとり方こそが狭い意味での「経済政策論」ではないかと私は考えている。

この問題の一般性を示すために、経済統合をめぐる労働者側の反発がイギリス、アメリカ、フランスだけのものではないことを香港や台湾の例によっても示しておきたい。私は 2014 年秋の香港の「雨傘革命」を実際に 2 度訪問調査し、その背景には大陸中国との経済統合による物価・地価の

---

[7] こう考えるのには市場的な社会的分業の発展が歴史の必然であるとの認識がある。大西（2015b）第 2 章参照。

表1　経済統合をめぐる分離派／経済統合派の各国の主体

	イギリス	アメリカ	フランス	台湾	香港	日本
分離派	民衆	民衆	民衆	民衆	民衆	民衆
経済統合派	財界 ＋周辺地域	財界 ＋理念左翼	財界	財界 ＋金門島	財界 ＋農民	財界 ＋沖縄

高騰に加え、現地高校生が現地の大学に入れなくなるといった不利益があるとの調査結果を論文にした（大西、2015a）（これは本書で第8章として収録している）。また、台湾の「ひまわり運動」については、大陸中国との投資協定が台湾の中小企業に不利益となることが運動の背景にあったと報じられている。逆に言うと、それでも大陸との統合強化を目指す志向性が絶えないのは、それが香港や台湾の財界の利益となっているからである。

　ついでに言うと、我々日本の国でも中国に対する「国民感情」は悪いが、日中経済協会役員でもある榊原定征経団連会長を先頭に財界は日中関係の改善に一生懸命である。私は日中友好協会の副理事長もしているので、その姿を身近に見てきた。つまり、香港、台湾、日本でも労働者階級の側の利益と資本家階級の基本的利益が「経済統合」をめぐって対立し、その不利益は一般的に労働者階級の側に押し付けられようとしているのである。これらの関係は表1に整理してある。

　それでは、この歴史の基本法則をうまく進めるためには実際にはどのような配慮が求められるのだろうか。それは、不利益を受ける社会集団への十分な補償措置や転換のスピード調整とともに、実際上は特定項目の自由化は先送りするというようなタイプのものにならざるをえないと私は考えている。たとえば、EU諸国は旧東欧地域からの過剰な移民（あるは旧東欧地域を経由したトルコや中東からの移民）の問題が、2000年代における対ロ包囲外交優先、政治優先の無理な東方拡大から始まったとの反省をしなければならない。ASEANでも東方拡大前のEUでも、地域統合は本来類似の発展段階に達した諸国でのみ可能となる、そのような事情を無

視した強行が過剰な移民という問題を引き起こしたのである。また、TPPで計画されていたのは、農業を含む「聖域なし」の自由化であり、かつまた多国籍企業に絶大な権力を与えるISDS条項など「無制限」に近い自由化であった。これがために諸国で民衆の強い反発を食らったのであるが、逆に言うと、そうした内容を持たない「自由化」は基本的にはよく配慮されたものと評価できる。TPPに代わってアジアの主要な自由貿易の枠組みとして浮上しているRCEP（東アジア地域包括的経済連携）は基本的にはよく配慮された特徴を持っており、それがゆえにその推進役の中国が世界の貿易秩序の担い手として登場できているのである。

　保護貿易主義のトランプが大統領に当選した後、中国の習近平主席がダボス会議で保護貿易主義を牽制するのを見た『Newsweek』誌は「中国が唯一のグローバル・パワー」、「トランプの保護主義でアメリカが縮む今、グローバル・エリートが頼れる大国は他にない」と評した。配慮ある「自由貿易主義」だけが未来に向かう唯一の道となっているのである[8]。

マルクス経済学の「経済政策論」

　宇野弘蔵氏の『経済政策論』を挙げるまでもなく、マルクス経済学の「経済政策論」は近代経済学のそれとはまったく別種の問題関心で構成されてきた。私についても、京都大学の学生時代に受講した大野英二先生の経済政策論講義には、財政政策、金融政策、貿易政策、社会政策……といった分類はまったくなく、何と19世紀ドイツの経済政策の歴史しか教わらなかった。それに学生たちは皆満足をしていて、何がしか深い思想を学んだ気になったものである。

　私はこれらを総じて、やはり「法則の科学」として歴史的階級的な視点から経済政策を客観的に論ずるのがマルクス経済学の経済政策論であると考えるようになった。一時、「民主的改革論」として別種の方向を目指したことがあったにしても、である。

　歴史の客観的法則の認識、その上での時代認識なしに望ましい経済政策

8　この点は、本書第6章として収録した大西（2017c）でも論じた。

など論じられるはずもない。ので、その認識を急がねばならないが、マルクス経済学界内でもそれ自体（特に前者の認識自体）に大きな見解の差が存在するので、検討しなければならない歴史事実や理論は膨大に存在する。それこそが我々の「経済政策論」なのである。こうした問題意識を持たない近代経済学に対し、我々が優位性を持っているのはこのためである。

＊本章は雑誌『季刊経済理論』第54号第4号（2018年1月）に掲載された論文を一部修正のうえ転載したものである。

参考文献

有井行夫（1991）『株式会社の正当性と所有理論』青木書店
碓井敏正・大西広編（2001）『ポスト戦後体制の政治経済学』大月書店
碓井敏正・大西広編（2007）『格差社会から成熟社会へ』大月書店
碓井敏正・大西広編（2014）『成長国家から成熟社会へ』花伝社
大西広（1983）「マクロ計量モデルにおける供給曲線の内生化」『経済論叢』第131巻第3号
大西広（2015a）「香港は「雨傘革命」で「財界天国」を辞められるか」『季刊中国』第120号
大西広（2015b）『マルクス経済学（第二版）』慶應義塾大学出版会
大西広（2015c）「ケインズ主義と新自由主義へのマルクス主義的批判とは何か」『唯物論と現代』第54号
大西広（2017a）「「成熟社会論」に関する諸論点」社会主義理論学会編『マルクスと21世紀社会』本の泉社
大西広（2017b）「「国家から社会へ」、理想は「無政府」」『現代の理論』解題4号
大西広（2017c）「トランプ登場が意味する米中の覇権交代──「パックス・シニカ」による「よりましな世界」へ」『季論21』第37号
大西広・秦雄一（2017）「イギリス国民はEU離脱投票でどの程度迷いなく投票したか？──年齢、階級、学歴属性から見た仮説的検証」『三田学会雑誌』第109巻4号
置塩信雄（1980）『現代資本主義分析の課題』岩波書店
置塩信雄・野澤正徳編（1982）『日本経済の民主的改革と社会主義の展望』大月書店

小栗崇資（2005）「ライブドア vs. フジテレビ事件と日本の資本主義」『経済』2005年8月号
是永純弘（1979）「「政策科学」は可能か」『現代と思想』第36号
中野嘉彦（2009）『マルクスの株式会社論と未来社会』ナカニシヤ出版
廣西元信（1967）『資本論の誤訳』青友社
山下裕歩・大西広（2002）「マルクス理論の最適成長論的解釈——最適迂回生産システムとしての資本主義の数学モデル」『政経研究』第78号

書評1 松尾匡著『自由のジレンマを解く——グローバル時代に守るべき価値とは何か』(PHP新書、2016年)

本書の基本的問題関心

　本書（松尾、2016）は新書の形をとっているが、事実上、著者のこれまでの思索の集大成となっており、著者と付き合いの長い私としても著者の思想の全体像をよく理解できる書物であった。もう少し言うと、著者の思想も変遷を遂げているので、その現在の到達点を過去の成果の上に解説した書物と言える。著者の場合極めて多作で、「過去の成果」は多いが、やはり最初の著作の意味は特別である。これは最初の著作『近代の復権——マルクス近代観から見た現代資本主義とアソシエーション』(晃洋書房、2001年)への言及が多いことにも表れている。

　私に言わせると、この著作のモチーフは、①国家主義はダメ、しかしかと言って、②過去回帰的な共同体主義（本書ではコミュニタリアニズムと表現されている）もダメ、なので、③基本は近代の市場経済がもたらした自由主義の文脈で今後の方向性を探らなければならない、というところにあった。このためにタイトルが「近代の復権」となったのである。

　評者である私自身も基本的にこの立場であるため、早くから共鳴・共振し、松尾氏との共著も4冊に及ぶ。典型的な国家主義だった旧ソ連社会を社会主義とは無縁の「国家資本主義論」とした大谷・大西・山口編『ソ連の「社会主義」とは何だったか』(大月書店、1996年)、市場的関係が形成する個人の先に未来社会を展望する章を書いた基礎経済科学研究所編『未来社会を展望する——甦るマルクス』(大月書店、2010年)、福祉国家を疑い、自由主義的な立場から革新派の改革戦略を提起した碓井・大西編の二書『ポスト戦後体制の政治経済学』と『格差社会から成熟社会へ』(ともに大月書店、2001年および2014年)である。

　したがって、松尾氏の問題関心は、①国家主義でも、②共同体主義でも

ない第三の道＝③自由主義を「グローバル時代に守るべき価値」とし、しかし、その上でもじっくり深めるべき諸論点を過去の様々な思想家が深めた諸概念を通じて追っている。自由には「ジレンマ」があるからであり、具体的には、ロールズの「無知のベール」論、左翼リバタリアンの「自己所有権命題」、ハイエクの普遍的ルール、J.S.ミルの「慣習による専制」、アイザイア・バーリンの「積極的自由」批判が検討の基本線となるが、最終的にはリバタリアリズムのハイエク的超越、ロールズ以上に普遍的抽象的な徹底した自由主義を究極の目標として認めた上で、時間をかけてそれに近づこうとする「生身の人間」による「現場」からの普遍化への努力の必要性が提起される。その際には、ロバート・パットナムの「橋渡し型社会関係資本」、カントの「統整的理念」、マルクスの疎外論、アマルティア・センの「理性による公共的対話」論および「獲得による普遍化」論、ウェーバー＝大塚久雄の「資本主義の自生的発展論」といった、狭義の「自由論」にとどまらない多くの思想を縦横に活用している。あたかも上記の思想家たちが松尾氏の目の前で討論をしているかのごとくに、提起された問題にそって次々に登壇してくる。それも冗長な演説でなく、要を得たものとなっていて、実に絶妙に「論者」の配置された「討論会」となっている。

基準政府、リスク・決定・責任の一致との論点について

　著者の自由論は、約１年前に同じ新書シリーズで提起された「基準政府」、「リスク・決定・責任の一致するシステムの構築」という言葉で集約される。「基準政府」は政治家や官僚にその裁量を許さない政治行政システムのことで、ハイエクなど新自由主義の文脈にある。が、それだけでは福祉や景気対策への公的介入を正当化することはできないので、もうひとつの原理として「リスク・決定・責任の一致」を主張する。この原理がなぜ政府介入を正当化するのかについての説明はやや複雑であるが、ともかく、こうした問題意識で問題を設定していること、ハイエクなどとの違いは福祉や景気対策の正当化にあるということを理解しておこう。「リフレ派」として政府の金融政策を支持し、前著のタイトルに「ケインズの復

権」が入っているのはこのためである。

　しかし、別の論稿（本書『長期法則とマルクス主義』第2章）でコメントしたように、この論理の運びには問題がある。「基準政府」論とは、政府を担う人々による「裁量」への批判であり、ハイエクやフリードマンなど「新自由主義」に起源を有する議論である。ので、この基準を有しながらかつまたケインズ主義的な財政政策を支持するには無理がある。ケインズ主義的な財政支出にはたとえば公共工事の場合も、何を作るか、どこに作るか、誰に発注するかなどにルールはない。やはり、その時々の政府の裁量性が出てしまうからである。著者がこの点で導入をしている「リスク・決定・責任の一致」原理は別の原理なので、「基準政府」原理とは時に矛盾する。その点への解明は本書においても不十分である。

論理展開のミクロ的基礎と生産様式の問題

　したがって、結局、著者はせっかく提起した「基準政府」原理を軽視してしまい、「リスク・決定・責任の一致」原理を優先させた議論となっている。逆に言うと、この点こそが著者の究極のオリジナルであり、そして、その点で多くの研究成果が本書に凝縮されていて、私にはとても勉強になった。「モデル」としては最後の第8章で「培地／ウィルス」モデルが展開され、その背景には、評者もまったく同意する個人主義＝自由主義の立場からの集団主義批判というモチーフがある。

　ここで高く称賛したいのは、著者はその立場をただ自由主義がよい、集団主義はダメだと非歴史的に言っているのではなく、前近代的「固定的人間関係」から近代的な「流動的人間関係」への変化という長期歴史的な人間関係の変化から説いていることである。自由主義に「グローバル時代に守るべき価値」という形で歴史的限定をつけていることにもこの立場はよく表されている。マルクスの史的唯物論で言えば「依存関係史」の文脈で自身の議論を組み立てているということになる。

　しかし、それでも、人類の歴史は「固定的人間関係」から「流動的人間関係」への変化という2つの段階で語りきれるものではないし、そもそもマルクス史的唯物論のより一般的な範式は、原始共産制→奴隷制→農奴制

（封建制）→資本制→共産主義という「生産様式の理論」であった。私は、この史的唯物論の両方の側面を資本主義を例に『マルクス経済学』（慶應義塾大学出版会、初版 2012 年、第 2 版 2015 年）で「商品生産社会としての資本主義」と「工業社会としての資本主義」として説明している。

　この観点の欠落の結果、「近代」にも「前近代」にも存在し、あるいは生産手段の所有関係によって発生する「階級」という観点が（ご本人に聞いたところでは次著で論じられるそうだが）本書では弱い。金持ちと貧乏人の間の「自由」の実際上の違いや資本主義初期での労働者の均質化による階級意識（これは評者の言葉）の成立といった問題は取り上げられても、たとえば、「大工業」が初めて労働に対する資本の専制的指揮権を確立させたというような「技術」に関わる論点が欠落しているのである。この結果、IT 技術の普及の影響もそれが「より流動的な人間関係を作る」といった文脈でしか取り上げられないこととなっている。

「疎外」、「生身の人間」と「利益」

　この問題は、本書における「人間関係」やその上に立つ「考え方」が「生身の人間」を支配＝疎外するという枠組みが、逆に「生身の人間」のもっと直接的な関心＝「利益」それ自身の軽視につながっている問題としてあるように思えてならない。たとえば、資本主義の下では資本家階級と労働者階級の利益が直接的に対立している。「生身の人間」がそれから遊離した「考え方」に支配されているのではなく、資本家に支配されているのであって、イデオロギー（「考え方」）とはそうした利害関係を反映しているに過ぎないというのが本来のマルクス主義の考え方であったはずである。著者は 260 ページで革命イデオロギーが人々の利益に反するような事例を挙げて究極の人間疎外のひとつの事例としているが、この事例も、イデオロギーによる人々の支配ではなく、人々の「利益」が守られず、よって支配階級の「利益」が打倒されないことが人間疎外の本質として述べられるべきである。

　周知のように、若き頃のマルクスも著者が論じるような「疎外」を直感し、その問題から「支配」の研究を始めたが、その本質が「利益」と「利

益」の問題であるとの認識に達した後は、そうした経済的利害関係の解明に没頭するようになった。『資本論』もまた、その代表作のひとつとして、「市民平等」の「流動的人間関係」下でも生じている資本家による労働者の搾取の解明に没頭したものである。この意味で、本書は初期マルクスの問題関心を振り返る書としては非常に優れたものでありつつも、それを後期マルクスの問題関心につなげることに失敗していると言わざるを得ない。

　したがって、評者の観点からは、「考え方による人間の支配」という枠組みではなく、誰の利益が誰の利益と対立し、誰が誰を支配しているのかが関心の中心でなければならない。そして、その意味では著者が冒頭で論じるイラク人質事件（2004年）への著者の「自己責任原理」の応用にも同様の問題が横たわっているように思われる。著者は問題の在り処を鮮明にすべく、あの人質救出に（市民社会の関与はありえても）政府が関与する必要は元々なかった、なぜなら彼らは「自己責任」で危険を冒したのだから、と論じているが、私の関心は、彼らが誰の利益のために行動したのかというところにある。人質となった彼らは事業に失敗した事業家たちと違って、自己利益のために危険を冒したのではない。ので、イラク行きを「決定」したのが彼らだからその責任は政府の知る由ではないという問題ではなく、公共的利益のために（もっと言うと、こうした日本人の活躍によって現地に親日家ができれば、それは「国益」ともなる）決断・実行した人々に国家はどのように対処すべきかという問題である。この意味でも著者の「自己責任原理」こそ、「生身の人間」から遊離した一種の「イデオロギーの自立化」ではないかと思えてくる。

その他の諸論点

　これらの他にも本書にはいくつか疑問を書き留めておきたい論点があった。たとえば、江戸期に成立した「商人道」に対する著者の一方的称賛には、これが武士階級における武士的精神、職人階級における職人的精神、大多数の農民階級における農民的感情との分担関係の構造的認識が欠落しているのではないかとの疑問を持った。また、大塚史学的ストーリーも「ありえた」との議論は理解できるものの、それをマルクスもありえた

と認識していたことを論じてほしかった。これはマルクスの原蓄章をよくよく読まなければ気づけないことなのであるが、マルクスはディーツ版751ページでその原蓄章を「ここでは農業革命の純粋に経済的な原動力は見ないことにする。ここでは農業革命の暴力的槓杆(こうかん)を問題にする」と述べ、「暴力的」でない「純粋に経済的な原動力」による資本賃労働関係の成立もきちんと認めているのである。

　しかし、マルクスはたとえそのようにして資本家となった者がいても、だからといって問題の本質には関係がないと考えていた。なぜなら、市場での対等平等の等価交換があったとしても、それでも労働の搾取は成立するからである。『資本論』の課題の中心はここにあったのであって、資本主義成立期にあった暴力は「資本主義批判」の一部にすぎない。逆にいうと、ここで問題なのは「大塚の言ったようなストーリーもありえた」ことが問題なのではなく、たとえそれで資本主義が成立したのだとしても問題の本質は変わらないということである。

　しかし、もちろん、これだけいろいろの事を考えさせてくれる本書は名著というしかない。多くの読者が読まれ、じっくり著者の問題提起に応えられることを期待したい。

＊本書評は雑誌『経済科学通信』第141号（2016年9月）に掲載されたものを一部修正のうえ転載したものである。

第Ⅱ部
▲▽▲▽▲▽▲▽▲▽▲
右翼、左翼とマルクス主義

第4章　君は右翼か、それとも左翼か

「右翼」と「左翼」

　社会科学的に非常に重要な概念であるにもかかわらず科学的な定義がなされていない言葉がある。それは「右翼」と「左翼」だ。たぶん辞書では「大革命後のフランス議会で右に座ったのが右翼、左に座ったのが左翼」という程度の定義しか与えられていない。また一般に民族主義を右翼と呼ぶ傾向があるが、これもまた正確ではないだろう。なぜなら、現在の状況下ではグローバリゼーションの推進派は「左翼」ではなく「右翼」であるからである。君は右翼か、それとも左翼か。これは人間の生き方を決める非常に重要な分かれ道である。君はどちらか。

　いまひとつ、一般に理解されている「右翼」「左翼」の用法がある。それは、上記の意味で、グローバリゼーションなり規制緩和なりの主張者が「右翼」で、その反対者あるいは国有論者・規制論者が「左翼」というものである。現状の対抗関係を示す上ではほぼ間違ってはいないが、実はこの定義にも問題がある。たとえば、反市場主義者＝「社会主義者」の極を「左翼」とする時、社会民主主義者＝市場メカニズムの下での「大きな政府」論者は「中道」、市場原理主義者＝「小さな政府」論者は「右翼」となるが、それではアナキスト（無政府主義者）はどうなるのか。市場対国家の対抗枠組みで「右翼」と「左翼」を分けるのであれば、アナキストは「ウルトラ右翼」となる。が、これでは何のことやらわからない。

　しかし、一方でこのアナキストの位置付けが面白いのは、彼らは天皇制軍国主義やロシア・ツァーリズム（絶対君主制）の下では「左翼」として大きな影響力を持ったが、今や「左翼」の中心は国家主義者に奪われ、北朝鮮などといった国家主義の国を探し出し金王朝打倒などを課題として細々と活動しているのみとなっていることである。私はこの現象をもって、

「左翼」とは社会的弱者の側に立つ勢力であり、したがって国家主義の暴力が存在する時にはアナキストが「左翼」の中心となる。また逆に市場主義の暴力が支配する時には国家主義者が「左翼」の中心を占める。そのようなものだと考えている。言い替えると、「左翼」は社会的弱者の立場に立つという点では一貫しているが、何が社会的弱者の側に立つことかという問題自体が歴史的に転回しているのである。

「右翼」の社会的歴史的存在意義

　ところで、この歴史的（あるいは地域的）な違いを理解することは、私の考えでは「右翼」の社会的歴史的存在意義を理解することでもある。「左翼」が社会的弱者の立場に立つのに対し、「右翼」はそれに構わない、あるいは社会的強者の利益を代表する。そんなものに何か社会的存在意義があるのかと思われるかもしれないが、意義は存在する。というのは、社会的弱者は一般に社会の変化への対応力がない。金がないか、智恵がなく、そのために変化一般に基本的に否定的だ。街を守れ、制度を守れと保守的な志向性を持ち、よってほぼ常に彼らの＝「左翼」の運動は「反対運動」となる。しかし、もし社会が何の変化もできないのであれば、その社会はどのように発展するのか。したがって、この「発展」の課題を遂行するには社会的弱者の利益をある程度無視せざるをえなくなる。「右翼」はこの課題を遂行するために社会に存在しているのだというのが私の理解である。

　この理解を深める為に、ふたつの例を挙げたい。そのひとつは、ソビエト崩壊直後のロシアで若干36歳で早くも20を超える会社の社長となった事業家にインタビューした時、急進改革派のエリツィンを大統領選挙で応援するのかとの問いに「誰でも構わない」と答えられたという話だ。彼はそれまでエリツィンの急進改革で利益を受けていたはずが、今後はより急進的になろうが規制が強化されようが、どちらにしても変化さえ起きるのであれば儲ける自信があるというのである。

　つまり、金を持ち、目先の利く者はどんな変化も自分の儲けに結びつけることができる。逆に言うと、それらを持たない者＝社会的弱者は彼らがそうするのをただ見ていることしかできず、その過程で没落する。なので

彼らはともかく現状維持を要求する。社会的弱者の「保守性」にはこうした根拠があるのである。

　もうひとつの例は、より一般的なものである。鉄道のなかった時代に、初めてある都市と小さな田舎町の間に鉄道が敷かれたとしよう。この変化はもちろん歴史的進歩と捉えられる。が、それでも、この鉄道で田舎町の消費者が簡単に都会で商品を購入できるようになると、それによって田舎町の小さな商店はそのマーケットを失うだろう。もちろん、これを機会に市場の拡大する都会に店舗を出し売り上げを伸ばすこともできようが、それができるのは元手になる資金を持っている商店か機転が利く商店に限られよう。つまり、こうした一般的に進歩的な変化でさえ弱者にとっては不利な変化となるのである。

「左翼」の存在意義

　したがって、社会的弱者の利益にこだわり過ぎては社会的進歩をリードできない。このことはわかった。が、かと言っていつもそうした進歩をリードすることによって生じる反面の矛盾＝社会的弱者の没落を無視していいとはならない。直接的には政治的混乱を避けるために、また倫理的にも「進歩」が社会の全構成員にとってのものとなるために社会的弱者の立場が他の誰かによって省みられなければならない。この意味で「左翼」もまた適切な歴史の進行には不可欠の存在として尊重されなければならない。マルクス主義の歴史観＝史的唯物論では社会にある全ての存在を合理的なもの、何らかの社会的歴史的役割を担っているものと理解しなければならない。「右翼」も「左翼」も共に歴史に不可欠の重要な要素である。

　あるいは、より社会科学的に資本主義下の「左翼」の存在意義を説明したい。資本主義は「資本の蓄積」を目的として様々な「搾取」を行ない、生産力発展をもたらす（経済学ではこのことを生産＝f（資本の蓄積量）として時に表現する）。が、こうして歴史的課題となる「搾取」もそれが（「右翼」によって）無限に追求されるだけではこの生産力拡大は人々の生活水準の上昇にまで結びつかない。人々は貧しいままで、ただ社会の生産力が発展するだけとなる。したがって、高まった生産力の分配が労働者に

対してなされなければならず、ここに「左翼」の主張が意義を持つ根拠がある。あるいは、こうした資本主義時代を超え、資本の蓄積だけが生産力に寄与するのでない時代への移行は労働者が「人的資本」として成長することを前提とする。そして、そのためには労働者の教育水準が向上し、就職後も様々な知識を得る時間と豊かさがなければならない。いかなる事業の推進にもハイセンスと新たな創造性が要求される現在の「ソフト化社会」は、こうした事柄を前提にしているのである。その意味で、拡大した生産力を労働者に分配するという課題が「左翼」によって遂行されなければならない。これもまた極めてクリティカルな歴史的課題と言わざるを得ない。

政府の決定は中間的なものでなければならない

しかし、こうして「右翼」と「左翼」との両者の社会的歴史的存在意義を理解できたとしても、一般に社会の諸勢力はそのどちらかに与することを要求される。社会に強者と弱者が存在する以上、彼らの利益は上述のように正反対であるし、そもそも主張するベクトルが正反対である。両者の主張は対立的に提起されなければ何がその主張点なのかわからなくなる。この意味で私は安易な中道路線というものは評価できない。

もちろん、上記のように私の主張点が両者ともに正当な主張であるとすれば、最終的に下される社会的判断、たとえば政府の決定はその中間的なもの、バランスのとれたものでなければならない。「左翼的」志向性しか政治決定に反映されない状態（たとえば、ポーランドの「連帯」内閣時代、チリのアジェンデ政権、ソ連のゴルバチョフ政権）でも、「右翼的」志向性しか政治決定に反映されない状態（反政府勢力が皆無の現在の北朝鮮など）もその社会は正常に発展することができない。

逆に言うと、最終的な政治的判断は両者の存在意義を共に理解できる人物（たち）によってなされなければならないのであって、そのような絶妙のバランス感覚を私はたとえば現在の中国指導部に感じる。中国では「保守派」すなわち「左翼」と「改革派」すなわち「右翼」がともに党内に存在し、そのバランスの上に常に政策が決定されている。

日本においては、中国は今すぐにも崩壊するかのような論調があり、誤解が流布しているので注意しておきたい。

社会的利益からの独立

ともかく、もしそうだとすると、こうしたバランス感覚を社会の真のリーダーたる人物はどう得ることができるのだろうか。上記の例は国家単位の政策運営であったが、実はこれは個々の経営体での政策運営にも通ずる。そのような指導者はどのようにして形成されるのだろうか。私はこの問いに、①両者の社会的意義を社会科学的に理解すること、②その役割は歴史的視野から理解されること、と答えている。

実はこの回答は、史的唯物論をマスターすることに等しい。ただし、重要なことなのでここで付け加えるが、こうしたバランスのよい立場をとるということは、直接には強者も弱者も代表するものではないということにもなる。社会的な運動グループは常に何らかの社会集団の利益と結びつき、したがって「右翼」か「左翼」かに分類できる。そのどちらの利益も代表できなくなれば、そうしたバランシング主体の存在基盤は一般に非常に脆弱なものとならざるをえない。学者の立場で言うと、このような史的唯物論は特定の社会集団の利益を代表しないがために、誰もが頼って来ず、世俗的に言えば儲からない。これは覚悟が必要である。

したがって、再び学者風に言えば問題は学問を社会的利益から独立したものにする必要がある。「社会のために」と銘打たれて進められている学問（この場合社会「科学」）は往々にして社会のどこかの集団の利益と結びつき、バランス感覚を失いがちである。その意味で学問は孤高でなければならない。私のフィールドで言えば人生訓はこのようになる。が、必ずしも学者になるわけではない君たちであれば、この問題はどうなるのであろうか。

しかしきっと、学者でない君たちの人生でも、先に見たように個々の企業の中で私の言う「右翼」と「左翼」の両者が存在する。そして、その両者の狭間で君たちは生きなければならない。だから、きっと問題の本質は同じだと思う。どちらかにつけば個人としてはうまく生きられる。が、そ

れだけでいいか。そんなことを一度考えてみて欲しい。

＊本章は京都大学の在学生が自主的に運営するポータルサイト「京大公論」の依頼を受けて 2003 年に書いたものである。「京大公論」の第 1 回目の「公論」で多くの反響を生んだ。現在もアクセス可能であるが、本書の基本的スタンスを簡潔に表しているので再掲した。

第5章 政権与党の「マルクス主義」と政権野党の「マルクス主義」

はじめに

　前章で論じた「右翼」、「左翼」の問題を掘り下げる上で役に立つのは、同じ「マルクス経済学」と言っても、過去のソ連や中国における「マルクス経済学」と我々日本や欧米でのそれを比較することである。前者はいわば「政権与党のマルクス経済学」であるのに対し、後者は「政権野党のマルクス経済学」である。本章ではこのことを論ずるが、まずはそのために20世紀のマルクス主義、マルクス経済学全体の変遷から見てみたい。

Ⅰ．20世紀マルクス主義の歴史的変遷

各国マルクス主義の確立（～1945年）

　20世紀のマルクス主義、マルクス経済学はいくつかの段階を経て変化を遂げてきたが、その第一は、世紀初頭から1930年頃までのドイツ語圏とソ連邦の巨人の時代であると言えよう。エンゲルス、レーニン、ブハーリン、ヒルファーディング、ルクセンブルグ、スターリン、コンドラチェフといった巨人たちがマルクス学説を大きな流れに仕上げ、確立していった。そして、同時に、マルクス学説への批判理論の原型もこの時期に出揃っていたということも忘れてはならないだろう。史的唯物論に対するマックス・ウェーバーの精神史観、ボルトケヴィッツなどの労働価値説批判、それに政治路線上の社会民主主義の登場（19世紀末のベルンシュタインなど）がそれである。あるいは、この論争には後のスターリン批判の前哨戦としてのトロツキーの諸理論も含まれてもよいだろう。現代における政治路線の模索も労働価値説の動揺も突きつめればこうした論争に立ち戻ることでより明確に理論的な位置づけをできるのではないだろうか。

第 5 章　政権与党の「マルクス主義」と政権野党の「マルクス主義」

　なお、この時期にひとり河上肇だけが非ヨーロッパ人として世界のマルクス経済学年表に現われる。これはまだ河上がマルクス主義者として自身を確立する過程の時代であるが、それでも非ヨーロッパ圏としては驚くほど早い時期に独自にマルクス主義理論を確立して行なった巨人であることがわかる。私は長く中国のマルクス主義者と関わっているが、彼らの一世代前、戦前期からのマルクス経済学者は河上の本でマルクス主義を学んだという。マルクス主義の世界的創立者のひとりと理解することができよう。
　しかし、ロシア革命から各国共産党の創設を経て 1930 年代に入ると、各国独自のマルクス主義が確立されるようになって来る。日本では、労農派との論争の中で講座派理論が確立をし、中国では毛沢東が活躍、スウィージー、レオンチェフ、ドッブといった英米マルクス主義も成立し、さらにこの時期、イタリアではグラムシがユーロ・コミュニズムの原型を形成していた。革命理論としてのマルクス主義、ないし政治闘争と切り離し難く結び付いていたこの時期のマルクス主義が各国における政治社会情勢の相違に依存して独自に理論を発展させることはそれ自身必要なことでもあり、またひとまずは理論的な発展であったと評価することができる。この問題については後でもう一度論じたい。

スターリン主義経済学（1950 ～ 60 年代）
　以上のような各国マルクス主義の確立はほぼ 1945 年の終戦までに終了し、1950 年代に入っていくと、スターリン体制下のソ連邦の目覚ましい経済的発展を背景としたスターリン主義経済学の確立・定式化と、スターリン死後のスターリン批判の諸論調が生み出されるようになる。後者に関しては言うまでもないが、トロツキーの流れを汲むトニー・クリフや日本の対馬忠行らの「旧ソ連＝国家資本主義論」に私としては特別の注意を払いたいと考えている。いわゆる新左翼もイギリスでの『New Left Review』誌の発行で世界的に活発化し、また日本における平田清明らの市民社会論もこの文脈で理解することができよう。
　ただ、こうした諸議論はこの時点ではまだ「スターリン・システムの経済的失敗」を主張するものではなく、政治的自由の問題や人道主義的な観

点からスターリン体制を批判していたように思われる。逆に言うと、スプートニクを打ち上げた頃のソビエト経済は絶頂期であり、この体制の経済的正当性を疑う「マルクス派経済学者」は当時まだほとんど皆無の状態であり、それが故に「スターリン派」はいわば自信を持ってその理論を「教科書」として定式化することができた。私としてはスターリン理論が「骨化している」と批判するより前に、なぜそのような国家主義的な理論が成立し得たのかの解明こそをすべきだと考えている。実際に国家主義で経済がうまく動いた時代にはそのメカニズムにそった理論が当然に生産されたのであり、そのメカニズムが表現されていたのだと考えている。

非ソ連圏の社会主義（1970年代）

しかし、その後のマルクス主義の主な舞台は非ソ連圏に移る。チェプレンコ『現代「資本論」論争』（邦訳1989年、大月書店）が言うように、70年代半ば以降のソビエト経済学は沈滞しスターリン批判後の新しい経済学を生み出せないでいる間に（ただし、東欧では、ユーゴらにおいて自主管理社会主義派の経済学、ハンガリーにおいてオタシクやコルナイらの「市場社会主義」派の経済学が生まれる）、先進国では高度成長や経済危機の下でユーロ・コミュニズム（日本を含めた"ユーロ・ニッポ・コミュニズム"という言葉もあった）が全盛時代を迎える。この流れは、資本主義の枠内での「改革」を優先し、ケインズ政策の活用を是とするある種「社会民主主義的」な路線と評価することができようが、こうした政策的要請は経済理論上もケインズ主義との対抗ないし融和、あるいは数学利用といった分野の発展を必要とした。日本においては、大月書店『講座 今日の日本資本主義』刊行をリードした「民主的改革派」の活動（本書第3章参照）や置塩信雄や森嶋通夫、関恒義らの純粋理論における挑戦があった。フランスのレギュラシオン学派やアメリカのSSA学派も大きくはそうした流れにおいて捉えることができよう。

なお、以上のような先進国のマルクス主義に対して、途上国、第三世界の「マルクス主義」が「従属学派」として成立して来るのもこの時期である。マルクス主義本流の「帝国主義論」はレーニンのそれであり、した

がって、後進国が先進国をキャッチ・アップするというようなタイプの諸国家の不均等発展が理論化されていたのだから、後進諸国の発展が帝国主義によってますます抑えつけられるとする従属学派は、果たして「マルクス主義」の一翼に入れて良いものかどうかは疑問であるが、ともかくこうした後進諸国の理論的必要を体現した経済学理論として成立をしたことが重要である。広義にはウォーラーステインらもこの流れの一部として理解できよう。

　ただし、1989年と1991年末における東欧・ソ連の崩壊によって「マルクス経済学」はスターリン批判時とは比べものにならないほどの決定的な打撃を受けることとなる。スターリン批判時のソビエト経済学への批判は、上述のように政治的自由や人権の問題に関するものが重点でしかなかったために、その「経済学」への批判はそれほど決定的なものではなかった。そのことはソ連崩壊の直前まで、たとえば宇沢弘文氏も「ソ連経済こそ健全だ」（宇沢、1983）と「反市場主義」の計画経済システムに「反市場主義」のサイドから期待を表明していたことからも伺える。つまり、政治的自由や人権の問題によってではなく経済の失敗によって初めてマルクス経済学は危機に陥った。直接にはこの問題はソビエト経済学への打撃であるものが、「マルクス経済学」全体に対する打撃として現れたということである。ソ連・東欧の崩壊後、マルクス主義／経済学をその基礎とすることを明示した著作は一時激減した。

II．政権与党のマルクス経済学と政権野党のマルクス経済学

西側先進国で存続した「マルクス経済学」

　以上が、この20世紀マルクス経済学の変遷の概要であるが、しかし、直接にはこのソビエト経済学への打撃でしかないものがどうして「マルクス経済学」全体への打撃となってしまったのか。そのことは表にあるように、直接批判の対象とされたソビエト経済学の国家主義と同じものが、西側マルクス主義／経済学にも存在したからに他ならない。言い換えれば、ソ連・東欧経済が「反市場」の立場で言っていたことが西側左翼の反市場

表 政権与党／野党の経済学

	政権与党（ないし主流派）の経済学	政権野党（ないし反ソ派東欧）の経済学
ソ連・東欧	**ソビエト経済学** （国家主義経済理論）	アナキズム、自主管理派理論 （反国家主義経済理論）
西側先進国	新古典派経済学 （反国家主義経済学）	**各種「マルクス経済学」** （国家主義経済理論）

主義にとっても主張の拠り所となっており、したがって、ソ連経済の崩壊は彼らにとっても大きな打撃とならざるを得なかったのである。

しかし、それではなぜ、反市場主義の経済学がソ連・東欧においてだけでなく、体制の異なる西側先進国においても「マルクス経済学」と称して存在し続けたのだろうか。あるいはもっと言って、ソ連・東欧という計画経済諸国の主流派経済学であった「マルクス経済学」が西側先進国では反体制派の非主流派経済学として存在することになったのだろうか。

この問いへの私の回答は、①国家主義的経済の段階では国家主義的経済学が主流派となるが、自由主義段階では市場経済を理論化した経済学が主流派となる、②しかし、そのどの段階でもそれが理想社会の経済体制でない限り、その体制が何らかの問題点を持つ（前者では国家主義が問題を生じさせ、後者では市場競争が問題を生じさせる）ため、そのどの段階でも逆の立場の経済学が反主流派として成立する、③したがって、西側先進国では「左翼」によって反市場主義の立場がとられ、それがソビエト経済学を拠り所とするようになった、というものである。

もちろん、この問いへの一般的な回答が以上のようなものでないことは私も知っている。普通は①マルクス主義はそもそも反市場主義であった、②それがソ連・東欧では政権獲得で主流派となったが先進国ではならなかったので反主流派の地位に甘んじた、というのが回答のあり方であろう。しかし、この回答には、ソ連・東欧で長く国家主義経済がうまく機能し、逆に先進国では市場主義が機能したという事実が反映されていない。

ソ連・東欧のその後の市場主義への転換がある種の「発展」として進んでいる（中国・ベトナム・キューバも同じ）ことに表れているように、こうした国家型の経済（国家資本主義）から市場型の経済（市場資本主義）

に移行するのは歴史の必然であり、その移行がそれぞれの体制での経済学の本流を転換させたのであって、逆ではない。経済学が経済を作ったのではなく、経済の実態が経済学に反映されたのである。

　このことは私に言わせれば非常に深刻な問題である。なぜなら、ソ連・東欧におけるソビエト経済学の興隆も、それと同質の西側「マルクス経済学」の反主流派としての存在も、それらは歴史の流れから説明できる。つまり、ここではマルクス主義／経済学は、歴史を説明する理論としてではなく、歴史によって説明される対象としてしか存在していなかったのである。「マルクス主義／経済学」は歴史の流れを説明したのではなく、ソ連・東欧のソビエト経済学と西側「マルクス経済学」が、逆に説明される存在に成り下がってしまっているのである。

置き去りにされた歴史理論側面

　この意味で、「マルクス経済学」の歴史理論としての性格はかなりの初期から置き去りにされ、忘れ去られていたのではないかと私には思われる。私としては先のような事情でマルクスの著作にあった自由主義的な部分（たとえば、後述する自由貿易支持論）が忘れ去られていた問題も指摘したいのではあるが、歴史的な理論枠組みの喪失こそがより根本的な問題点であったように思われる。

　各時期に歴史の中に住む我々は、その時代の要請を受けて様々な理論活動を行なう。個々の時代の事情が日本の講座派理論やユーロ・コミュニズム、中国の毛沢東理論などの「各国マルクス主義」を形成させて行なった原動力であったのは確かだが、しかし、マルクス学説はそうした時代的制約を越えた歴史理論でもあったはずである。時代的制約を越えることが出来なければマルクス学説は歴史を説明する理論ではなく、歴史によって説明されるべき存在に成り下がる。

　私の考えによると、この問題性は西側世界においてとくに左翼運動が自らを反省する鏡としてマルクス主義に接したのではなく、自らの主張の正当性を示す道具として使ったことに起因している。たとえば、賃上げの消費拡大効果を主張したいがためにマルクスの過少消費説批判はどこかに置

き去りにされ、アメリカ中心のグローバリゼーションを批判するためにマルクスの自由貿易支持論は忘れ去られた。あるいは、農民や零細企業の利益代表として機能する左翼運動は決してマルクスやレーニンの農民層分解論や小経営没落論を引用しなかった。

つまり、少なくとも西側マルクス主義は「運動を導く理論」としてあったというよりは、「運動に都合よく使われる理論」であったのである。そして、そのような理論として存在する限り、当該の運動が勢いを無くすにしたがい理論も大衆に見放されることを避けることはできない。もっとも環境保護運動などの新種の左翼運動は「使う理論」の対象からマルクス理論を除外しているが、そのことを嘆く必要はない。マルクス理論は「都合よく使う理論」ではない。

私は上記のことをよりよく表現しようとして、「マルクス理論とは左翼理論ではなく左翼批判の理論である」と書いたことがある。確かに、『共産党宣言』でも、反デューリング論でも、レーニンのエス・エル批判やナロードニキ批判においても、批判の対象は「右翼」というよりは「左翼」にあった。「左翼」もそれが社会的存在である以上、「右翼」と同じく歴史的物質的な存在根拠を持っている。その意味で歴史理論としては「左翼」の存在を否定するような批判をできないが、しかしそれでも「左翼」はマルクス理論によって説明される対象ではあっても、マルクス理論の上に立ってそれを評価する主体ではない。この意味で、とりわけ西側マルクス主義を「左翼の僕(しもべ)」の地位から脱却させること。根本的に迫られていることはこの課題だというのが私の見解である。

Ⅲ. 基本哲学としての生産力主義と中国マルクス主義

「理論」ベースの再読の必要性

したがって、これまでの「僕(しもべ)」の地位に甘んじたマルクス理論は換骨奪胎されたものとなってしまっており、本来のマルクス理論を政治的バイアス抜きに再現する必要がある。そして、そうした「バイアスの排除」へのひとつの近道はとくに「政策」や「運動」関連の部分になるべく距離を置

き、より「理論」に近いフィールドでマルクスを読むことではないかと私は考えている。たとえば、価値形態論と交換過程論、転形問題、再生産表式論、学説史などはやはり「政策」や「運動」に距離がある分だけ純粋な形でマルクス理論を引き継いできたように思われる。再生産表式論の応用からレオンチェフなどの成果が生まれたのも、このことと深く関わっていよう。

　しかし、そうした「近道」ではなく、「僕(しもべ)」となる過程で忘れ去られたり「修正」されて来たマルクス理論の本来の姿に、より直接的に注目することこそがやはり根本的な理解への道であろう。上ではそうした部分理論のいくつかをすでに挙げたが、ここではさらに、マルクス理論のより基本的な考え方である生産力第一主義や技術決定論、階級社会論といったものに読者の注意を向けておきたい。それは、こうした骨太の理論骨格こそが理論を豊富化する基礎となり、また他の諸学説と自らをきっぱりと区別するアイデンティティーともなるからである。

　そして実際、私はこうした志向性を持って理論活動を継続して来たが、たとえば生産力第一主義から「高度成長途上には政権崩壊しない」と述べ、「民族問題で国家が分裂するのは経済危機の時だけ」と述べる時、それはなかなかの説明力を持つ。あるいは、封建制と資本制の両者の成り立ちを機械の有無で説明した理論は旧ソ連・東欧の説明をはじめ様々な展開を可能にしている（この中味は大西（1992）などを参照）。

　骨太の議論は豊富化しやすい。これは新古典派経済学の繁栄がよく示している。しかし、骨太の基本的フレームワークは新古典派だけが持つのではない。マルクス学説こそがそれに対抗し、豊富な理論を作り上げることのできる唯一の存在だと私は考えている。

中国における実践とその意味

　ところで、私が「生産力中心主義」にあらためて注目したいのは、それが中国における鄧小平によって明確に打ち出され、現実の政治経済を指導してきているからである。西側マルクス主義は左翼理論、批判理論にとどまっていたから生産力を重視するどころか「経済より文化」とばかりにそ

の軽視を特徴としていた。また、ソビエト経済学は現実の経済に責任を持つという志向性を持っていたものの、西側マルクス主義は「資本制から社会主義への転化では生産関係の転換が生産力の発展を生む」という理解によって生産力よりも生産関係に重点を置く理論となっていた。

　この点において「政権与党のマルクス経済学」であるところの中国マルクス主義の現代版＝鄧小平理論の登場は、極めて特徴的な（あるいは画期的な）理論史上の出来事と言える。ソビエト経済学と対比をすれば、ソ連が「生産関係を変えれば社会主義にできる」と考えたのに対し、鄧小平は「社会主義の前提条件は生産力発展」と考えた。本来のマルクスへの回帰に100年かかったと表現することもできる。

　しかし、生産力発展への関心が低い点という問題を持っていたとしても、毛沢東もまた当然中国マルクス主義の偉人であった。毛沢東の文化大革命は現在マイナス・イメージでしか語られることがないので敢えて述べたいが、毛沢東はあるがままの農民を肯定したのではなく、農民を農村に置いたままで「近代化」しようとしたのである。人民公社運動における「近代化」という側面を見失ってはならない。バラバラに散在するのではなく、近代的集団として農民を再編成し、またその中に農村工業を移植しようとした。改革開放後の中国において農村工業がひとつの原動力となり得たのはこうした人民公社の経験が存在したからである。

　ただし、ここで私が述べたいことの重点は毛沢東の中にもあった近代主義ではなく、やはり中国がソビエト経済学とは異なる理論を構築できたことにある。各国それぞれにマルクス主義が花開いたといっても、中国マルクス主義の特殊性は別格である。このことはソ連・東欧が崩壊したから言うのではない。否、ソ連・東欧が崩壊したから言うのだと理解いただいても構わない。経済を破綻させる理論にはやはり何らかの問題点があったと認めざるを得ないが、中国ではマルクス経済学が経済発展の指導理論として少なくとも今までのところ機能してきた。ソビエト経済学やユーロ・コミュニズム、あるいは社会民主主義やケインズ経済学などわれわれはどうしてもヨーロッパ起源のものにこだわり過ぎ、それが故に逆にマルクスか

ら遠ざかっているのではないだろうか。[1]

なお、この点では、日本の講座派理論は日本独自のものとの反論がありえよう。それはある程度首肯しうる。しかし、それにしても「先進的」な英米資本主義との対比の中で日本の後進性を強調せねばならなかった時代の理論としての制約を持つ。今や日本資本主義もゼロ成長に突入するほど成熟した段階に達しつつある。その段階にふさわしい資本主義論の構築が求められている。

*本章は雑誌『経済科学通信』第95号、2001年に掲載された論文を一部修正のうえ転載したものである。

参考文献

宇沢弘文（1983）「ソ連経済こそ健全だ」『季刊現代経済』第54号
大西広（1992）『資本主義以前の「社会主義」と資本主義後の社会主義』大月書店

---

[1] 本章は基礎経済科学研究所の雑誌『経済科学通信』が20世紀のマルクス経済学を回顧する目的で編集した2001年の号に寄稿したものの再掲である。このため、ここでの中国マルクス主義への評価も当時の中国マルクス主義への評価と理解されたい。

ただ、中国経済はそれから20年近くの発展を経て一人当たりGDPも1万ドルに近づき、成長率も中進国らしく中位に低下、そしてこの下で、経済構造もかなりな程度に民間主導の先進国的なものになってきている。ので、本文中の分類によると市場主義的な理論こそが「政権与党の経済学」となり、国家主義的色彩の濃い経済学が徐々に「政権野党の経済学」化しつつある。

中国のマルクス経済学者は日本の数十倍の厚みを持つので一概には言えないが、このような変化の下で、中国マルクス経済学の一部は明らかに「野党化」している。実行されている経済改革を「新自由主義」と批判する「反主流派」的なポジショニングである。本章で見たように私はそうした経済学にも社会的に重要な役割があると考えているが、それは本来のマルクス主義ではない。マルクス主義によって説明・解説されるイデオロギーのひとつに成り下がっているのではないかと危惧している。

第Ⅲ部

▲▽▲▽▲▽▲▽▲▽▲

米中の覇権交代とグローバリゼーション

第6章 トランプ登場が意味する
米中の覇権交代
——「パックス・シニカ」による「よりましな世界」へ

はじめに

　トランプの登場で世界は明示的に、あるいは陰伏的に劇的な変化を遂げつつあり、これは中国のあり方、したがってアジアのあり方にも決定的な変化をもたらしつつある。しかし、私は実は、このように見えるのであって本当は逆——つまり世界が変化してきているのでトランプが登場したのだと考えている。その心は、世界資本主義は不均等発展し、アメリカの世界支配はその賞味期限が過ぎつつあるということにある。レーニンが『帝国主義論』で論じた世界の運動法則に則れば、世界は今やアメリカの退場を必要とするようになったのである。

レーニン『帝国主義論』は生きている

　2017年はレーニンが『帝国主義論』を出版してちょうど100年目にあたった。理論経済学者としてきちんと主張しておきたいが、我々の時代は「資本主義の最高の段階」なので、やはりまだ「帝国主義時代」である。そして、そのために戦争も絶えないし、かつまた『帝国主義論』が「世界の再分割」を不可避化するとした世界資本主義の不均等発展法則は誰の目にも明らかな形で世界を貫いている。先発資本主義国はどの国も低成長化し、代わりに中国を始めとするアジア諸国の台頭が進行している。長い間、西洋中心主義は経済発展できるのは西洋（と例外としての日本）だけだとしてきたが、その神話は事実によって打ち砕かれるに至っている。そして、さらに、現在起きている国際紛争、国際的摩擦とは結局この「不均等発展」によってもたらされたこともわかる。

　たとえば、BRICSである。彼らの経済規模は2008年5月時点ではG6（日独英米仏伊）の15％に過ぎなかったが、その6年後の2014年に

第6章　トランプ登場が意味する米中の覇権交代

表1　中国の2014年の品目別輸出入（単位100万ドル）

輸出		輸入	
総額	2,342,747	総額	1,960,290
1次産品	112,705	1次産品	647,440
工業製品	2,230,041	工業製品	1,312,850

出典：JETRO（日本貿易振興機構）16/02/10
https://www.jetro.go.jp/world/asia/cn/stat_05.html

は購買力平価による計算ではあるが、世界全体の30.2％を占めるに至り、これはEUの16.6％、アメリカの15.9％の合計に匹敵している。そして、この新興勢力が独自に国際会議を開催し、開発銀行（BRICS銀行など）を設立し、はたまた上海協力機構といった安全保障上の「同盟」を構築してG6の先進国同盟との明らかな対抗関係を形成している。そして、ここで重要なのは、ロシアを除いてこれら諸国はすべて1次産品の輸出に依存した「途上国」ではなく、「新興工業国」として地域的な覇権国として存在しているということである。

実際、中国の2014年の中国の貿易品目の構造を見ると、表1にあるように工業製品が輸出の95％以上を占めていること、またそれは輸入工業製品の倍近いことがわかる。中国が「世界の工場」になっていることくらいは今や皆が知っていることであるが、この貿易構造は工業製品を先進国から買うことしかできなかったかつての「途上国」の逆であることを再確認しておきたい。

問題は、こうした工業品輸出国としての性格が、ロシアを除く他のBRICS諸国においても共通しているということである。ブラジルは他のラテン・アメリカ諸国に対して、南アフリカは他のアフリカ諸国に対して、インドは他のインド洋周辺諸国に対して同様の貿易構造を有している。要するに彼らは皆「後発帝国主義国」なのであって、そうした共通した利益の下にBRICS諸国が同盟しているのである。インドの現政権、ブラジルの現政権と中国との関係は本来よいものではないが、それでも彼らがBRICS同盟から離脱する気がないのは、世界経済における利益の共通性があるからである。繰り返すが、それは「後発帝国主義国」としての利

益の共通性である。

　関連して付言すると、彼らが「後発帝国主義」であることは世界のマルクス経済学者のある部分の共通認識となっている。私は世界のマルクス経済学者が集まる唯一の国際学会の副会長をしているので責任をもって述べるが、会長が中国人であるこの学会においてさえ、この認識はかなりのメンバーによって共有されている。ただし、レーニン『帝国主義論』を基本的な分析枠組みとして保持する限り、当然の理論的帰結と言えばその通りであるが──。

　なお、もう一点の付言をすると、私は2003年に大月書店から出版した『グローバリゼーションから軍事的帝国主義へ』や1998年に京都大学学術出版会から出版した『環太平洋諸国の興亡と相互依存』などでも一貫して、レーニン『帝国主義論』の法則が貫徹していることを論じてきた。2003年の書ではアフガン、イラク戦争を覇権衰退期の再分割戦争として論じ、1998年の書では日米貿易摩擦も不均等発展の結果としての一種の「戦争」だと論じた。もちろん、貿易摩擦はミサイルや砲弾の飛び交う「戦争」ではないが、各国政府がその代表する各国独占資本の利益を担って引き起こした政治レベルの紛争という意味では「政治の延長」としての「戦争」である。

　もっと言うと、過去の日米貿易摩擦の原因は、日本の繊維産業や自動車産業の経済発展が日米間の経済的なパワーバランスを転換し、それに対応した市場をアメリカにおいて後発国日本が獲得しようとしたところから始まった。当時のアメリカ自動車市場は世界市場の半分を占めていたから、アメリカの自動車市場を何対何で分割するかはまさしく「世界市場の再分割」の意味を帯びており、その分割をめぐって日米両国が争っていたのであった。つまり、「不均等発展の結果としての世界市場再分割戦争」そのものであったのである。

不均等発展で弱体化したアメリカ製造業

　ところで本章は、トランプ大統領の誕生が世界を変えるのではなく、世界がアメリカをトランプに変えたのだとの主張から始まった。前節で中国

とBRICSで起こった変化について述べたが、これはトランプが引き起こしたことではない。したがって、問題は、この変化への対応としてアメリカがなぜトランプを必要としたか、というところにある。

もちろん、アメリカは新興諸国のこうした経済的挑戦に対し、まずは一生懸命に抵抗をしてきた。それがまさしく各種の「摩擦」となり、時には正真正銘の戦争という形をとったのであるが、被挑戦者の側は世の常として相対的な優位性が残された分野に依拠して勢力挽回を図る。そして、アメリカの場合それは軍事と金融であった。つまり、気に入らない諸国を軍事攻撃したり、金融覇権を駆使してアジアやギリシャなどの諸国経済を破綻させたり、はたまたウォール・ストリートの金融覇権のためにドル防衛のための「国際協調」を各国に強要したりしてきた。

最後の「国際協調」にはたとえば1980年代後半の日本やドイツでの協調利下げのようなものがあった。日本やドイツの通貨の金利が下がればドルの保有が相対的に有利になるから、資金はアメリカに向かう。日本やドイツはこの人為的な低金利のために異常なバブル経済とその後の崩壊を招いたが、アメリカの側は集まった資金を利用して金融覇権を維持することができた。1980年代から先進国の蔵相が頻繁に会議を繰り返すようになったが、これは常にアメリカ覇権の維持を目的とするものであったのである。

しかし、これらの諸対応は逆に長期的なアメリカの衰退を加速することとなる。なぜなら、イラクやアフガンなどへの軍事介入はそれらの諸国の混乱を招いただけでなく、アメリカにとっても引くに引けない状況を招来し、金融覇権のためのドル高政策はアメリカ製造業の長期の衰退を帰結した。そして、それが今回のアメリカ大統領選挙におけるラスト・ベルト（錆びた工業地帯）における製造業労働者たちの既存秩序への反乱となったのである。金融界と軍産複合体を支持基盤としたヒラリー・クリントンの旧路線への反乱である。

また、この反乱が「反グローバリゼーション」という文脈で生じていることも重要である。国境を持たない多国籍企業群にとってはグローバリゼーションは良いことではあっても、国を超えて簡単に移動できない労働者にとってはそうではない。NAFTA（北米自由貿易協定）やTPPなどの

自由貿易主義は衰退するアメリカ製造業にとってはもはや破壊的な作用を及ぼすものに転化しており、したがってアメリカ国民はトランプの保護貿易主義を選択するに至ったのである。私はマルクス経済学者であるので強調しておきたいが、金融や商業などの部門も製造業や農業などの生産的労働部門を基礎として成り立つ部門であって、その基礎なしにただそれだけでは成り立たない。そのため、製造業を破壊した上ではいかに無理をしても金融覇権（軍事覇権も）を長期に維持することはできない。トランプの「製造業回帰」は歴史の必然である。

価値的な意味でも覇権国たる条件を喪失

ただし、この自由貿易主義へのアメリカの対応の変化で重要なのは、過去には彼らはそれによって利益を得ていたということである。途上国製造業がまだまだ未熟であった時代には、自由貿易主義は先進国が工業を独占するための手段として機能していたのであって、この時代には中国を含む途上国諸国はその自由貿易主義に反対してきた。つまり、「反グローバリゼーション」の側にあった。ただ、それが今や逆転し、アメリカは弱体化した製造業を守るには保護貿易を採るしかなくなってしまい、そのために世界の自由貿易の守り手は今や何と中国の側となってしまっているのである。

実のところこの変化は価値的な意味でも決定的である。世界の企業家階級にとっては「市場を開放」する自由貿易国のみが「良い国」であるが、彼らの利害を代弁する『Newsweek』誌は習近平主席が2017年1月のダボス会議で保護貿易主義を牽制するのを見て「中国が唯一のグローバル・パワー」、「トランプの保護主義でアメリカが縮む今、グローバル・エリートが頼れる大国は他にない」と論評した[1]。この言葉は貿易立国日本もまたいつまでも反中外交をしていられないこと、反中姿勢を辞められない安倍首相は日本の国益を損じていることを示している。いずれにせよ、世界に「良い国」と受け止められ、したがってリーダーとなりうるのは経済強国

---

[1] 日本語版では2017年1月18日付けのエミリー・タムキン論文。

だけである。その条件をアメリカは失い、代わりに中国が手に入れるようになったのである。

　重要なことなので強調しておきたいのは、こうしたアメリカの「保護貿易」が第二次大戦を招いた当時の先発帝国主義による「ブロック経済化」と同じであることである。当時、先発帝国主義に比べてより急速に発展した日独伊の後発帝国主義は、自由貿易を主張して先発帝国主義に対抗したが、先発帝国主義はそれに応えず、ブロック化という形の保護貿易主義を強めた。これとまったく同種の対抗が現在生じているのである。アメリカの保護貿易主義が世界史の基本方向と逆行していることは明らかである。

　なお、やや似た問題に、IMFや世界銀行、アジア開発銀行（ADB）など世界的ないし地域的な国際機関における各国の議決権の配分問題がある。これは一般的にはそれへの出資率に依存し、またその出資率は各国GDPの比率によって決められているが、そのルールに沿っている限り「世界資本主義の不均等発展」は各種国際機関内の議決権の再分割を促すこととなる。しかし、世界におけるGDPシェアを下げつつある先進資本主義諸国はそのルールに従いたくない。特にアメリカの議会はIMFの出資比率についてのシェアの見直しに反対して「経済的不均等発展」が「政治的発言権の再分割」に及ぶのを阻止している。

　その後、特に問題となったADBの出資率の見直しも進まず、よって中国はADBに代わりうるアジアの開発投資銀行としてアジア・インフラ投資銀行（AIIB）を2015年末に設立することとなった。このAIIBはその後1年あまりの間にADB（67ヵ国）を大幅に上回るほどの加盟国を有する勢いであるから[2]、要するに「政治的発言権の再分割」は既存の国際機関内部における「再分割」ではなく[3]、古い国際機関に新しい国際機関が挑戦をするという形で生じることとなっている。日本政府はアメリカとともに

2　2018年現在90ヶ国を超えることが予想されるに至っている。
3　実は、この点では中国の態度は奥ゆかしく、AIIBにおける中国の議決権をその出資率以下に設定した。他国と闘ってまで運営をリードする必要がないとの判断による余裕のあらわれと思われる。

この旧勢力を代表し、よって中国による新しい国際機関の設置を悪く宣伝しているが、世界の大多数は経済力ある中国の新たな国際貢献として歓迎し、それを妨害する日本やアメリカの行為を不正義と認識するに至っている。これもまた、経済大国が価値的な意味でも優位に立つこと、それを阻止しようとする側が価値的な意味でも権威を失墜することを示している。

　ともかく、こうして経済の不均等発展は価値的な意味でも覇権国としての資格をアメリカから奪ったが、喪失はそれに止まらない。そのひとつは「人権外交」の終焉である。過去のアメリカの人権外交とは時には軍事攻撃をするための口実に過ぎなかったが、ともかくこれまでは他国の政治システムに介入する価値的正当性の主張が前提にあった。しかし、トランプは今や「アメリカ・ファースト」という無価値外交を主張しているのみならず、移民排斥、人種差別、女性差別の大統領の国とあれば覇権国になる正当性はない。

　また、この他、地球温暖化という「世界的課題」への行動をトランプが拒否していることも重要である。他方の中国はトランプの当選直後に早々と地球温暖化のパリ協定の批准をしているから、今後、地球温暖化問題を推進したいと考える世界のグループは中国に依拠し、反アメリカで活動することとなる。これもまた価値的な意味でのアメリカ覇権の後退、中国の台頭を促進することとなろう。少なくとも価値的な意味ではアメリカ覇権はすでに過去のものとなっているのである。

現実化する「パックス・シニカ」にどう対応するか

　このようにして世界資本主義の不均等発展はアメリカ覇権の終焉を招来しつつあり、だとすると次の覇権国は経済力において勃興する中国とならざるをえない。中国は2010年に日本のGDPを追い越したかと思うと、今やすでに日本の3倍近くの規模にまで拡大し、あと数年でアメリカのGDPを超すと言われている。購買力平価で計算すれば2014年にすでにアメリカを凌駕している。

　ただし、ここで我々が知らなければならないのは、こうしてやってくる中国覇権の世界＝「パックス・シニカ」も理想的な世界秩序ではないとい

うことである。アメリカに代わって中国が今後提供してくる価値観には中国中心主義的なもの（たとえば儒教）がすでに入り込んでいるように、中国外交は今や毛沢東時代の「人民外交」が提起した価値観外交ではなく、国益外交を基本としたものとなっている。つまり、日本国外務省が国益のために諸国で外交を行なうのと同じように中国外交部もまた基本は国益のために行動しているのであって、建前は別として「世界のため」の外交をやっているわけではない。世界秩序の理想が、強国も弱国も、強い民族も弱い民族も、それらすべてに上下のない世界であるとすれば、中国外交の目指すところのものも決して理想的な世界秩序ではない。この意味で、今後の世界も従来とは異なった意味で問題をもった世界となる。そして、もしそうであれば、従来「反米運動家」であった人々が「反中運動家」となる可能性は非常に大きい。日本の左翼運動には既にその兆候が表れている。

　しかし、それでもなお述べておきたいのは、今後のこの世界は「パックス・アメリカーナ」よりは一段改善された世界となろうことである。中国は米国のようにいつも世界のどこかを爆撃している国ではなく、カストロを何度も暗殺しようとしたCIAのようなことはしていない。イスラエルの侵略を無視する一方で中東諸国を無茶苦茶にするということもなく、ただ、AIIBなどの国際銀行を作って各国のインフラ建設を主導し、また大型の国際会議を派手に開催して勢力を拡張しようとしているだけのことである。日本人にも言いたいが、米軍は沖縄などで戦後数千件の事件を起こし、20人以上の日本人を殺害し続けてきたが、中国がそのようなことをしたことは一度もない。また、後に詳述するが、中国主導のRCEPはTPPとは違って日本農業を破壊するようなことはしない。これらの意味で、直接の植民地体制を基本とした「パックス・ブリタニカ」より、間接支配を基本とした「パックス・アメリカーナ」が「まし」な世界秩序であったのと同様、今後の「パックス・シニカ」が今までに比べて「まし」な世界秩序であることは明らかである。

　したがって、もしそうすれば、今後の中国覇権への「われわれ」の対応には、過去に封建制の打倒による資本主義への移行に労働者が資本家階級に協力したような、あるいは現在の日本で我々が国内的な「よりましな政

府」を目指すのと同じ対応もありうるはずである。つまり、「中国への覇権交代」を意識的に進め、サポートする、という立場である。その世界秩序が理想的なものでないのは資本主義が人類社会の理想でなく、かつまた「よりましな政府」が理想政府でないのと同じであるが、それでも封建制の解体期には資本主義への交代を求めたのだという意味においてである。

　実のところ、もっと正確に言えば、それでもこの新秩序に抵抗するという「進歩派」の対応はありうることである。なぜなら、この新秩序は「進歩派」の加勢なしにも間違いなく形成されるからであり、そのサポーターはすでに世界に満ち始めているからである（本章前半の記述はそのため説明のためのものだったとも言える）。そして、だとすればもはや我々が支持者として登場する必要はなく、ただ新しい秩序に新たに生まれる別種の問題点を指摘し、よってその反対勢力として批判活動だけに集中するだけでよいとの意見が成立する。この道を執る限り、ほぼ永遠に「政権」には就けないだろうが、清濁併せのむ態度を嫌った老荘思想家たちと同様、それもまた清く美しい。私はこの道は執らないが、「左翼」とはそういうものだと思うのである。

「グローバル化」はどのように進められるべきか

　以上、米中覇権交代の必然性とその評価について論じたが、本稿を終えるに当たって２点、この間の世界政治に関わる論点を提起しておきたい。その最初のものは、トランプの当選に関わって問題となった「経済統合」ないし「自由貿易主義」、あるいは「移民」の問題である。「グローバリゼーション」の問題として一括されるこれらの諸問題は、単にアメリカで問題となっただけではなく、イギリスのEU離脱投票においても問題となり、フランスの大統領選挙でも問題となり、ドイツやオーストリアなどその他のヨーロッパ諸国でも問題となっていることである。そして、実は、香港の「雨傘運動」や台湾の「ひまわり運動」が大陸との統合問題で提起した問題もこの「移民」や「自由貿易主義」と深くかかわっていた[4]。総じ

4　香港については、次々章で詳しく論じる。

て言って「民衆」の側、労働者階級の側は「グローバリゼーション」の負の側面を強調し、その多くが「反グローバリゼーション」の側に立った。「グローバリゼーション」で実際に不利益を受けているからである。

　もちろん、こうは言っても「グローバリゼーション」は長期には必然的な、したがって進歩的なトレンドと認識することができる。そして、そのために各国エリート、つまり資本家階級はそれに伴う「痛み」を軽視し、あるいは甘受することの重要性を説く。が、実のところ、彼らエリートたちが「痛みの甘受」を説くのは、彼らにとっては痛くも痒くもないからである。というか、より正確には彼らにはそれによる「利益」が何倍も上回っているからである。自由貿易や経済統合で利益を得ていたのはクリントンやマクロンに代表されるエリートたち、ロンドンや香港の金融街、台湾の大企業であって、労働者にはその利益の一部が「トリクル・ダウン」（富裕層が富めば、貧しい者にも富が浸透するという考え方）していたにすぎない。逆に言うと、その後ろで、各国のノン・エリート、つまり労働者階級は流入する移民や「自由貿易」によって急増する外国製品によって雇用を奪われるなどの様々な矛盾＝「痛み」をずっと我慢させられ続けてきたのである[5]。こんな状態が長く続くのであれば、ノン・エリート、労働者階級の側が選挙や国民投票などで反乱を起こすのは当然のことである。たとえ、もし、「グローバリゼーション」にある普遍的な価値があるにしても、そのための「コスト＝不利益」を社会のある部分が一方的に被り続ける筋合いはないからである。

　したがって、私のここでの立場は「反グローバリゼーション」あるいは「反統合」ではない。「グローバリゼーション」や「統合」が歴史的な進歩であったとしても、それに伴うコストは資本家階級など社会の上層部によってこそ支払われねばならないのであって、あるいは少なくとも「甘受」が可能なレベルに抑えられ、コントロールされなければならないというものである。

5　イギリスのEU離脱投票においても最も投票行動に影響を与えたのは階級的利害の相違であった。このことは次章で論じる。

たとえば、現在ヨーロッパで問題となっている移民問題の深刻化の背景には、ヨーロッパに近接する中東における社会の混乱（アメリカなどの介入の結果としての難民の大量発生）とともに経済的な発展段階を無視したEUの無理な東方拡大があったと思われる。というのは、通常、保護関税が産業の成熟度に応じて徐々に引き下げられるのと同様、諸国家の地域統合もよく似た経済的発展段階の諸国でのみ行なわれてきているからである。ASEAN、南米やアフリカ、南アジアのいくつかの地域統合の試み、そして過去におけるEUはそのような条件を前提として始まっていたのでどこかの加盟国が一方的に貿易黒字を得るとか、一方的な移民の流入が生じるというようなことはなかった。それには経済の全部面における全面的な統合でなかったことも作用しているが、ともかく類似の発展段階の国のみで構成するのが前提となっていたのである。

しかし、2000年代に入ってEUは「市場経済化」をしてまだ十数年しか経っていない旧東ヨーロッパ諸国をも加盟国に加えてしまう。そして、まずはこの周辺からの人口の流入が始まるのである。私はブルガリア人の友人を持つが、10年ほど前にブルガリアを訪問した際、彼は「我々はEUに移民できるようになって非常に嬉しい」と手放しで喜んでいた。本来のEU地域は彼らに狙われているということになる。経済合理性を無視し、ロシアの影響圏を縮小するという政治的目的でEUが無理やりに拡大されたことのコストと言わなければならない。逆に言うと、基本的な歴史の進歩であるところの国家統合も、その範囲や領域をしっかりコントロールさえすれば無理なく進めることができるということである。

実を言うと、この間、アジア・太平洋地域で争われた、TPPなのかRCEPなのかといった論争も、コントロールされた貿易秩序は何であるかを考える上で非常に重要なものであった。日本政府は今もなおアメリカを除く11ヵ国でTPPを始めんとしているが、TPPは多国籍企業に国家をさえ上回る権限を与えるISDS条項を含むのみならず、農業関税を原則廃止するといったような形で各国農業従事者の生活を一挙に破壊しかねないものとなっている。しかし、このようなルールは今のところRCEPでは

考えられない[6]。

「コントロールされた貿易秩序は何か」について今まで私も明確な意見を持っていたわけではなかったが、この現実は何が間違った貿易秩序で、何がコントロールされたそれであるかをはっきりと示すようになっているのである。貿易ルールは基本は「自由貿易」となるのが望ましく、それが歴史の法則である。しかし、自由貿易化を反発や挫折なしで進めるためにはその推進はコントロールされたものでなければならない。そして、それをアメリカや日本ではなく、中国が進めるようになっていることもまた重要である。中国の主導する今後の世界秩序がアメリカの主導した過去の秩序より「よりまし」であるということのひとつの内容はここにある。

米中関係は対北朝鮮で米中協調へ

最後に、この間の世界情勢の焦点となった北朝鮮問題についても論じておきたい。これはまさしく「米中」がその最大問題として協議し、対立し、そして最後は「協調」した問題であるからである。しかし、実はそれ以上に重要なのは、この問題をトランプが特に取り上げた理由もまた「米中の覇権交代」に関わっていたからである。

選挙公約などに示されたトランプの本来の政治目的は「世界の警察官」を辞め、自国経済を優先させることにあったので、そのためにロシアとの無用な対決を避けたかったが、そうした方向性への反対論が強く、主要な「関係改善」の対象を中国に切り替えたように思われる。

ロシアに歩み寄ろうとしたトランプに抵抗をしたアメリカ資本にとっては、ロシアはそれほど重要ではないが、中国には大きな利害の共通性がある。たとえば、それはアメリカの「対中貿易赤字」の重要な部分に、デルやヒューレット・パッカードやアップルが中国で製造しているパソコンが

---

[6] やや厳密に言うと、この RCEP 交渉には日本も入っているので、これに ISDS 条項をねじ込もうとか、あるいは種子生産を行なう多国籍企業の農業支配を可能とする制度を導入しようとするような画策を日本政府は行なっている。これらの動きに反対すること、つまり中国に依拠し日本の動きを抑えることがこの意味でも世界の進歩勢力の役割となっている。

あることをとっても明らかである。アメリカはこの意味で中国に対して全面的な貿易戦争をすることはできない。むしろ経済的なパートナーとなっている[7]。そして、もしそうすれば、中国と協調できるイシューを探し、さらに言えば、それによって「世界の警察官」たることのコストを削減したい。この目的にぴったりと適合したのが今回の北朝鮮問題での米中協調であったと考えられるのである。

なお、2017年5月上旬にトランプは政府の通商政策を助言するための新組織の人事で、対中強硬派であるナバロ氏のポジションを変えて中国との直接の貿易交渉には関われないようにした。そうこうするうちに、同年5月11日にはついに米中貿易不均衡是正のための「100日計画」の具体策が両国政府によって発表されるに至っている。ここでは中国はアメリカからの牛肉輸入を再開し、液化天然ガスの輸入をしやすくし、アメリカ企業に中国国内での格付けや電子決済などの業務を開放することが謳われている。開放可能な分野をよく探し、中国はうまく協調をアピールしたものである。

ただ、このような中国側からの協力の対価としてアメリカが「一帯一路」に協力を表明したことも重要である。アメリカは実はトランプ政権成立のつい半年前までは「一帯一路」構想の海上ルートに厳しい態度を示してきた。――要するに南シナ海問題である。中国側からアメリカの対中外交を見ると、アメリカは「一帯一路」の陸上ルートには文句を言わないが（そのエリアは中国、ロシア、イランなどアメリカが手出しできない諸国が並んでいる）、海洋進出は拒否するとの対応をとってきたように見えた[8]。こうしてオバマ政権時の米中関係は「対立」が前面に出ていたが、米軍はこの間、南シナ海の中国支配海域での航行を差し控えるようになってい

---

[7] トランプは大統領選での選挙公約で中国を為替操作国と認定すると述べていたが、実際にはその認定をしないことになった。この方針変更は2017年4月のことであり、トランプ外交の路線変更がこの時期から顕在化していることを示している。

[8] この認識は2017年4月16日に慶應義塾大学で開催された北東アジア学会関東サテライト研究会における福井県立大学唱新教授のコメントによっている。

る[9]。この数ヵ月でいかに変化したかを再確認しておきたい。

　もちろん、アメリカの今回の瀬戸際政策が実際に戦争につき進んでしまっては元も子もない。ので、正真正銘の危険な賭けではあったが、トランプの戦略がもし「成功」したとすれば、それはやはり中国の協力があったためだと言えよう[10]。トランプはそこまで計算をしていたとの観測もある。したがって、ここで重要なのは、こうして「中国が最終的に北朝鮮をコントロールした」と韓国に認識されるのであれば、韓国にとって重要なのはアメリカとの同盟ではなく、中国ということになる。2017年の韓国大統領選挙ではTHAAD（高高度防衛ミサイル）の配備に否定的な文在寅候補が圧勝したが[11]、こうした国民の投票行動を引き起こした背景にはこのような認識の拡がりがあったものと思われる。

　こうして今回の米中協調は韓国の一層のアメリカ離れをもたらし[12]、北東アジア地域での「覇権交代」を帰結する。トランプはこれによってこの地域への軍事的プレゼンスを（いやいやという形を採りながら）縮小させ

9　秋田浩之「米中の「密約」の漂う危なさ」『日本経済新聞』2017年5月17日付け6面による。なお、『毎日新聞』5月7日付けはシンガポールから北朝鮮に向かった米空母カール・ビンソンが北朝鮮に向けて南シナ海を北上しようとしたが、中国の「九断線」の直前にUターンして南下、その後にインドネシア海域、フィリピン太平洋側を迂回したことを報道している。中国の南シナ海勢力圏への介入を避けたことの意味も大きい。

10　このことに加えて重要なのは、アメリカや日本が軍事的手段もありきとしたのに対し、中国はあくまで外交的解決を主張したことである。日本の平和勢力は必ずしも自覚的ではなかったが、実際のところ、ここでは日本の平和勢力は「中国のやり方で朝鮮問題を解決しよう」と主張したことになる。

11　トランプはこの選挙の最中に「THAADの配備費用は韓国政府が支払うべき」と発言して、その配備に積極的な対立候補(安秀哲候補)に打撃を与えている。これもまた、トランプが韓国へのアメリカの関与に消極的なことを示している。

12　トランプは中国と協調しつつ他方では極めて危険な瀬戸際政策をも採っている。このことも韓国の米国離れを加速していて興味深い。韓国国民の安全は、こうして危険なアメリカとの距離を置くことなしに守れないからである。平昌五輪の統一チームもこの文脈で成立したものである。

ることができ[13]、よって衰退したアメリカにとって最適な自国第一主義に戻ることが可能になる。米中覇権の交代という文脈で今回の北朝鮮をめぐる問題をふり返るとこのような評価となるのである。

＊本章は雑誌『季論21』第37号（2017年7月）に掲載された論文を一部修正のうえ転載したものである。

13　この大統領選挙で当選した文在寅は有事の際の韓国軍の指揮権をアメリカ政府から韓国政府に移すことも公約に掲げている。韓国がアメリカ離れをする上でのこの変化も大きい。

第7章　イギリス国民はEU離脱投票でどの程度迷いなく投票したか？
——年齢、階級、学歴属性から見た仮説的検証

Ⅰ．はじめに

　多数決投票のパラドックスには「オストロゴルスキー・パラドックス」と呼ばれるものがあり、代議制による決定が有権者の真の意見分布をうまく反映できない場合がありうることを示している。これは複数の争点をもつ選挙において全面的に同意しない政党にも「次善の策」として選挙民が投票することから生じる問題を意味するが、実はこれと似た問題が直接投票の背後でも生じうる。

　選挙民の「選好」（選択肢の集合上に定義される二項関係）は、本質的にはその選挙民が持っている諸属性によって規定されるものである。ということは、一般に複数の属性を併せ持つ有権者は、ある属性としてはある政策を選好するが、同時に持つ他の属性として別の政策を選好する可能性を十分に持っている。そして、この場合、有権者が直接投票の際に切り捨て属性の方が「多数派」たる属性である可能性があるのである。

　本章ではこの問題をイギリスのEU離脱投票を事例として研究するが、たとえばこの場合、ある有権者は年齢的には残留が利益であっても、階級的・学歴的には離脱が利益となるような場合などを問題とする。このようなジレンマを多くの国民は持ちつつも、最終的にはどちらかの判断を行なった結果が先の投票であったのである。

　筆者たちはオストロゴルスキー・パラドックスをヒントとしてEU離脱投票の問題に気づいたが、オストロゴルスキー・パラドックスは代議制における問題点を指摘するものであるのに対し、本章の主眼は直接投票でも似た問題が生じ得ることを論じるものであるので、もちろん、差異も重要

である。また、「似た問題」といっても、本章で扱う際には、異なる決定方式が異なる結果を生むというのではなく、有権者の心の中に残る「ジレンマ」の程度を問題とするにすぎない。このため本章では、まず第Ⅱ節において、そうした定式化レベルの整理を行ない、その上で第Ⅲ節においてイギリス国民投票における基本的な利害関係を抽出、そして第Ⅳ節では人口構成の仮説的な推計によって上記の「ジレンマ」の存在を検証する。最後に、この研究の持つインプリケーションを整理する。

II. 問題の設定

Rae & Dault (1976) が定式化した「オストロゴルスキー・パラドックス」とは、異なるイシュー毎の直接投票での投票結果と代議制による投票結果が異なるケースが存在するというもので、そこで示された状況は以下の表のように分類できる。

すなわち、今、4種類のカテゴリーに分類される有権者が3種類の政策を見て政党支持をX党にするかY党にするか考えているとしよう。この時、有権者は3種の政策ともに意見が一致しなくとも、2つまで一致すればその政党を支持するものとすると、3種の政策について表1のような選好を持つ4タイプの有権者グループA, B, C, Dはそれぞれ政党X, X, X, Yを支持するだろう。この場合、有権者グループA, B, C, Dの人口比が20%, 20%, 20%, 40%であれば、政党Xは60%の得票を得て40%しかとれない政党Yに勝利することとなり、3種の政策とも政党Xのものが実現されることとなる。

しかし、もしここで3種の政策それぞれについて直接投票をするなら結果はまったく逆に、表1の表側にあるような形で政党Yの政策がどの政策についても60%の得票で選択されることとなる。こうして代議制民主主義をとるか、直接投票をとるかによって結果が異なってしまうという状況が「オストロゴルスキー・パラドックス」として定式化されているのである。

この議論は極めて興味深いものであるが、本章が問題とするのは、当初に各有権者グループがそれぞれの政策に対して持つ「選好」自体も単純な

表1　オストロゴルスキー・パラドックスの事例（政党Xと政党Yの選択）

有権者タイプ	政策1	政策2	政策3	代議制で選択される政党
A（20%）	Y	X	X	X
B（20%）	X	Y	X	X
C（20%）	X	X	Y	X
D（40%）	Y	Y	Y	Y
直接投票の結果	Y	Y	Y	制度により異なる結果

出所）Rae & Dault (1976), p.394.

表2　直接投票の背後に想定される投票者各人のジレンマ（政策Xと政策Yの選択）

有権者タイプ	属性1	属性2	属性3	選択される政策
A（20%）	pro-Y	pro-X	pro-X	X
B（20%）	pro-X	pro-Y	pro-X	X
C（20%）	pro-X	pro-X	pro-Y	X
D（40%）	pro-Y	pro-Y	pro-Y	Y
多数派	pro-Y	pro-Y	pro-Y	制度により異なる結果

出所）表1の修正版

ものではないことである。というのは、各人の「選好」とは経済学的にはどのような利害関係を持つかという問題であるが、その利害関係を規定する各人の属性は単純、単一なものではなく、たとえば、階級、性別、産業、学歴などによって異なっている。そして、このため、各人は階級的には政策Xが利益となっても性別的には政策Yが利益となるといった状況を持ちうるのであって、したがって結局、各人はその属性毎に損得勘定を全体として勘案して最終的な投票行動をすることになるからである。

これは代議制の際の投票においてだけではなく、直接投票においても発生する問題、たとえば今回のイギリスのEU離脱投票でも発生しているはずである。この状況は表2で表されている。

こうして、政策Xと政策YたるEUからの離脱／残留の投票行動を分析する枠組みが設定されたが、ここで問題となった諸属性は、年齢、社会階級および学歴である。後に見るように各種のEU離脱投票の分析では年齢別、社会階級別、学歴別に投票行動に極めて大きな相違が見られたからである。この3属性がもし仮にそれぞれ2種類のカテゴリーに分類される

表3　本稿が目標とするイギリスEU離脱投票の分析表

有権者タイプ	年齢	社会階級	学歴	選択される政策
A	pro-残留	pro-残留	pro-残留	残留
B	pro-残留	pro-残留	pro-離脱	残留
C	pro-残留	pro-離脱	pro-残留	残留
D	pro-残留	pro-離脱	pro-離脱	離脱
E	pro-離脱	pro-残留	pro-残留	残留
F	pro-離脱	pro-残留	pro-離脱	離脱
G	pro-離脱	pro-離脱	pro-残留	離脱
H	pro-離脱	pro-離脱	pro-離脱	離脱
残留支持者の比率	?	?	?	?

出所）表2の修正版

とすると、総有権者は合計 $2 \times 2 \times 2 = 8$ 種類のタイプに分類できることとなる。本稿では、この8種類の有権者タイプの人口比を推計し、それによって上に述べたような政策選択における投票者各人のジレンマ状況の実際を数値化することになる。具体的には表3のような形の表を作成することとなる。

なお、学歴推計の便宜などもあって、「社会階級」は2分類ではなく3分類としたので左端の「有権者タイプ」の分類は $2 \times 2 \times 2 = 8$ ではなく、$2 \times 3 \times 2 = 12$ 分類となっている。ただし、基本構造に変化はない。

III. イギリス国民投票における諸属性別の投票行動

今回のイギリスの国民投票についての詳細な分析はネット上にも満ち溢れているが、たとえば2016年6月26日づけの時事ニュースでは、ロンドン・スクール・オブ・エコノミクス（LSE）のサイモン・ヒックス教授が「移民により利益を得る都市在住で高学歴のコスモポリタン（国際人）」と「移民から雇用などの脅威を受ける、地方在住で恵まれていないと感じている旧世代」との構図としての総括をしている。ここでは、世代要因、学歴要因、職業要因と居住地要因が明示的／非明示的に示されているが、居住地別のデータを数値化することの困難性から本稿では「居住地

表4　年齢別、社会階級別および学歴別の投票行動

属性		残留への投票率	離脱への投票率
年齢別	18-24歳	73%	27%
	25-34歳	62%	38%
	35-44歳	52%	48%
	45-54歳	44%	56%
	55-64歳	43%	57%
	65歳以上	40%	60%
社会階級別	AB階層	57%	43%
	C1階層	49%	51%
	C2階層	36%	64%
	DF階層	36%	64%
学歴別	学歴なし	28%	72%
	Level1	35%	65%
	Level2	36%	64%
	Level3	53%	47%
	Level4	66%	34%

データ出所：年齢別および社会階級別データは Lord Ashcroft（2016）、学歴別データは YouGov（2016）

変数」は排除している。そして、そうすると、残る3要因は、年齢、社会階級および学歴の3つの属性として整理されることになる。

実際、投票分析を行なった Lord Ashcroft（2016）や YouGov（2016）のデータでは、表4に見るように若年層ほど残留、高齢層ほど離脱、ハイクラスほど残留、ロークラスほど離脱という傾向が明確に見て取れる。ここで、社会階級の「AB」とはより高位ないし中位の経営・管理職、「C1」は低位の経営・管理・監督職、「C2」は熟練作業員、「DF」は半非熟練作業員および失業者などを意味している。また、学歴別にも高学歴ほど残留、低学歴ほど離脱となっている。ここで、Level 3 は後期中等教育（高校）、Level 4 は大学に相当する。Level 1、2 はそれ以下である。[1]

---

[1] Lord Ashcroft（2016）のデータでは性別の投票行動も示されているが、これは男女ともに48％が残留、52％が離脱という風にまったく同率であった。これもまた興味深い。

したがって、本章では年齢別、社会階級別および学歴別に残留／離脱に関わる利害が異なっていると理解し、それぞれを残留派と離脱派に区別する。実際には、ある年齢や社会階級、学歴できっぱり残留／離脱の利益が区別されるわけではないが、以上のように特徴は明確であり、かつまた分析上各属性を pro 残留と pro 離脱に分けなければならないので、ここでは仮説的に

1) 年齢的には、44歳以下（若年層）が pro 残留、それ以上（中高年層）が pro 離脱
2) 社会階級的には AB 階層のみが pro 残留、その他が pro 離脱
3) 学歴的には Level 3 以上（高卒以上）が pro 残留、それ以下（高卒未満）が pro 離脱

とそれぞれ二分されることとする。こうして年齢、社会階級、学歴別の人口がそれぞれはっきりすれば、表3の左端の「人口比」を計算するだけで、我々の目的は達成されることとなる。そのため、以下で有権者タイプ別の人口比推計の作業を行なう。

IV. 有権者タイプ別の人口比推計

有権者タイプ別の人口比推計は、実は簡単ではない。年齢別、社会階級別および学歴別それ自身の単純な人口比率は簡単に調べられるが、これらをクロスした人口統計は存在しないからである。そのため、ここではまず年齢と社会階級間の相関はないものと仮定した。日本のような年功社会では年齢と社会階級間に相関がみられるが、イギリスは純然たる階級社会で、そのような相関がないものと仮定したのである。

しかし、まず社会階級と学歴には強い相関のあることに違いはない。たとえば、Gilchrist, Phillips & Ross (2003) に示された次の表5は社会階級別に大学進学率が相当に違っていることを示している。これは、北ロンドン大学のプロジェクトとして1998～2000年に行なわれた C1 以下の階級

表5　イギリス社会階級別の「大学に進学するか」との質問に対する回答

社会階級	Plan to go (進学予定)	May go (進学するかもしれない)	Not going (進学しない)
C1	22.9%	20.0%	57.1%
C2	13.8%	12.0%	74.2%
D	9.6%	18.3%	72.1%
E	10.1%	17.6%	72.3%

出所）Gilchrist, Phillips & Ross (2003), p.83.

への調査結果であるが、AB階層のほとんどは大学に進学すると言われているので、その格差は表出されたもの以上のものがある。ただ、この表でもC1階層とそれ以外の間に有意の差のあることを知っておきたい。

ただし残念ながら、これら以外で社会階級別の学歴格差を示したデータは入手が非常に困難であり、ようやく入手できたのが、TOEICオンライン「イギリスの階級制度を知ろう」[2]で示された1988年における大学在籍者総数7万9000人中の社会階級別内訳のみであった。これは次の表6の第2欄に示されている。これらの数字を使ってまずは当年の社会階級別大学進学者数を推計した結果が第3欄に示されている。そして次に、それと第4欄に示された社会全体の階級構成比率[3]と当年の18歳人口（人口統計での15－19歳人口を5で割って推計）から推計された社会階級別18歳人口から当年の階級別大学進学率を推計した。

しかし、本章では「大卒」だけではなく「高卒」以上のすべてを「残留派」とするから、社会階級別の高校卒業率を推計しなければならない問題が生ずる。このため、今度は文部省／文部科学省発行の『教育指標の国際比較』の「義務教育後中等教育の在学率」を用いて、大学の社会階級別進学率を高校の社会階級別卒業率に転換することを試みた。より具体的にはイギリスの高校は2年制なので、その2年目である17歳における在学率

2　http://www.toikku.net/ イギリスの階級制度を知ろう-536.htm
3　UK graphics. Blog: Social Grade A, B, C1, C2, D, E, 23 February 2014（http://www.ukgeographics.co.uk/blog/social-grade-a-b-c1-c2-d-e）から入手。

をこの統計から探し、1990年におけるそれが70.7％、2005年におけるそれが80.3％であることがわかった。これを本章では「高卒率」と見做す。なお、1988年の数値は発見できなかったので、ここでは1988年の「高卒率」は1990年の数値と同じであったと仮定する。

それで次に、この平均高卒率のデータと上記の1988年における社会階級別大学進学率のデータを用いて、1988年と2005年における階級別の高卒率を推計することとなる。ここではまず、1988年大学進学率の階級別格差を考慮して、①AB階級の高卒率は100％と、②C1階級とC2＋DE階級の高卒率格差を1988年の大学進学率格差である5.5％とすることとした。そして、この上で、C1およびC2＋DE階級の両年における進学率がどうであれば、両年の平均高卒率と斉合するか、という観点からそれぞれを推計した。具体的には、1988年のC2＋DE階級の高卒率をxと、2005年のそれをyとすると、それぞれは次の方程式を解くことによって求められる。すなわち、

$$0.470x + 0.308(x+0.055) + 0.222 = 0.707$$
$$0.470y + 0.308(y+0.055) + 0.222 = 0.803$$

ここで、0.470, 0.308, 0.222は表6の4欄で示した3階級の人口比であるが、ともかくこの式を解いて、両年におけるC2＋DE階級の高卒率 x = 0.602, y = 0.725 を計算し、したがって両年におけるC1階級の高卒率 0.657, 0.780 を推計した。

この結果が表6の第7、8欄に示されている。

こうして、この推計作業は極めて複雑なものとなったが、しかしこれによらなければ社会階級×学歴の人口比は計算できない。ただし、ここで表されたようにこの間に高卒率は上昇しており、よって年齢層別に「高卒」の比率が大きく異なっていることになる。このため、「若年層」を「社会階級×学歴別」に分ける時は2005年の高卒率を用い、「中高年層」を「社会階級×学歴別」に分ける時は1988年の高卒率を用いて推計することとした。この場合も、各年齢層別に「高卒以上／未満」を正確に区別してい

表6　社会階級別の「高卒率」推計手続き

社会階級	1988年（1990年）						2005年
	大学進学者内訳	大学進学者数	人口比率	18歳人口*	大学進学率	「高卒率」	「高卒率」
AB	69.1%	54589人	22.2%	18.5万人	29.6%	100%	100%
C1	23.0%	18170人	30.8%	25.7万人	7.1%	65.7%	78.0%
C2+DE	7.9%	6241人	47.0%	39.1万人	1.6%	60.2%	72.5%
合計／平均	100%	79000人	100%	83.3万人	9.5%	70.7%	80.3%

注：　推計方法の基本は本文中で説明。

表7　イギリスEU離脱投票分析の総括表

有権者数	有権者比率	年齢	社会階級	学歴	選択される政策
0万	0.0%	若年層(pro-残留)	AB階層(pro-残留)	高卒未満(pro-離脱)	残留
474万	10.2%	若年層(pro-残留)	AB階層(pro-残留)	高卒以上(pro-残留)	残留
145万	3.1%	若年層(pro-残留)	C1階層(pro-離脱)	高卒未満(pro-離脱)	離脱
514万	11.1%	若年層(pro-残留)	C1階層(pro-離脱)	高卒以上(pro-残留)	残留
276万	5.9%	若年層(pro-残留)	C2+DE階層(pro-離脱)	高卒未満(pro-離脱)	離脱
729万	15.7%	若年層(pro-残留)	C2+DE階層(pro-離脱)	高卒以上(pro-残留)	残留
0万	0.0%	中高年層(pro-離脱)	AB階層(pro-残留)	高卒未満(pro-離脱)	離脱
557万	12.0%	中高年層(pro-離脱)	AB階層(pro-残留)	高卒以上(pro-残留)	残留
266万	5.7%	中高年層(pro-離脱)	C1階層(pro-離脱)	高卒未満(pro-離脱)	離脱
509万	10.9%	中高年層(pro-離脱)	C1階層(pro-離脱)	高卒以上(pro-残留)	離脱
470万	10.1%	中高年層(pro-離脱)	C2+DE階層(pro-離脱)	高卒未満(pro-離脱)	離脱
710万	15.3%	中高年層(pro-離脱)	C2+DE階層(pro-離脱)	高卒以上(pro-残留)	離脱
4649万	100%	「残留派」46.0%	「残留派」22.2%	「残留派」75.1%	「残留派」48.9%

データ出所）本文中に明記

るわけではないので相当にラフな推計と言わざるを得ないが、実証データを用いた仮説的検証としてご理解願いたい。

ともかく、この方法によって最終的に推計計算された各タイプ別の人口（有権者数）は表7の第1欄のようになり、この結果、その人口比率は第2欄のようになった。そして、この人口比率を用いて、表7の最下段の4つの数字を計算したが、その右端の48.9％という数字は現実をほぼ正確に再現していることに注目されたい。現実の投票結果で「残留」を選択したのは48.1％であったからである。これは本章の分析がかなりの程度に現実を反映している可能性を示している。

また、表7の最下行の3属性ごとの数字も興味深い。「年齢」の46.0％は「年齢属性」だけから言えば「残留」が利益となる人の比率、「社会階級」の22.2％は「階級属性」だけから言えば「残留」が利益となる人の比率、そして「学歴」の75.1％は「学歴属性」だけから言えば「残留」が利益となる人の比率を表しているが、これらの数字の大きさの違いはこれら属性毎に残留／離脱の利害状況が相当に異なった下での「次善の選択」がなされうることを示している。

上述のようにこの数値計算では多くの仮定を導入しており、したがってかなり仮説的なものにすぎないが、それでも表7のような様々に異なる利害関係の存在がありうることを示せたことは、「オストロゴルスキー・パラドックス」と同様、48％という国民投票の背後にありえた複雑な国民の選択行動を示唆しているからである。

しかし、本分析のポイントは、そうした数字の再現性や「年齢」、「社会階級」、「学歴」間の相違ではなく、それら3属性間の絡みの中で、どれだけの国民が「次善の選択」として残留ないし離脱を選択したかを分析できることにある。この計算結果からすると、3属性のどの点で言っても残留を利益とした国民は表7の上から第2番目の474万人、同様に何の悩みもなく離脱を利益とすることの出来た国民は、上から9番目の266万人＋11番目の470万人の計736万人となるから、この点では「離脱派」の方が悩みなくそれを望んだ可能性、逆に「残留派」の方が「次善の選択」であった可能性が示されている。これも興味深い。

V. 結論

　本稿は、代議制度の矛盾を突いたオストロゴルスキー・パラドックスにヒントを得つつも、それに似た問題が直接投票においても生じ得ることを問題とした。オストロゴルスキー・パラドックスが異なる決定方式間の結論の違いを論じたのとは異なり、複数の決定方式を提示して比較しているわけではないが、オストロゴルスキー・パラドックスが生じる根本的理由としての各有権者の「次善の選択」という問題が、（複数イシューの一括選択という政党選択においてだけではなく）個別イシューの選択でも生じることを基礎に、年齢、社会階級、学歴という３属性毎に異なる利益をもつ様々なタイプの国民を抽出し、その複雑な利害関係の結果としての「選択」として今回のEU離脱投票を示せたと考える。

　今後も増えるであろうさまざまな直接投票の結果を理解するためのひとつの枠組みとして提案しておきたい。

＊本章は雑誌『三田学会雑誌』第109巻第4号（2017年1月）に掲載された秦雄一君との共同論文を一部修正のうえ転載したものである。

参考文献

文部科学省大臣官房調査統計課（各年版）『教育指標の国際比較』文部科学省大臣官房調査統計課

Gilchrist, Robert, David Phillips and Alistair Ross (2003), "Participation and Potential Participation in UK higher Education", in *Higher education and social class : issues of exclusion and inclusion,* eds. by Louise Archer, Merryn Hutchings and Alistair Ross with Carole Leathwood, Robert Gilchrist, and David Phillips, Routledge Falmer, London and New York.

Ashcrof, Lord（2016）, "How the United Kingdom voted on Thursday… and why", http://lordashcroftpolls.com/2016/06/how-the-united-kingdom-voted-and-why/

Rae, W. Douglas and Homs Dault (1976), "The Ostrogorski Paradox: A Peculiarity of Compound Majority Decision," *European Journal of Political Research*, no.4, pp.391-398.

YouGov (2016), "Introducing the YouGov Referendum Model", https://yougov.co.uk/news/2016/06/21/yougov-referendum-model/

第8章　香港は「雨傘革命」で「財界天国」を辞められるか

はじめに

　2014年の9月下旬から12月まで続いた香港の学生運動をどう評価するかはひとつの大きな問題である。私は日中友好協会の全国理事会で意見を求められた際、「学生たちの要求は基本的には正しいが、バリケードで車道を長期にわたって遮断するような方法（写真1参照）は問題だ」とのみ簡単にコメントした。香港の「占拠」は九龍半島のモンコック地区と香港島のセントラル、アドミラル地区の2ヵ所で行なわれていたが、それは東京でいえば銀座と新宿ないし霞ヶ関にあたる。このような地区を2ヵ月以上にわたって遮断するようなことを誰かがすればすぐさま国民の大きな反撃に遭い、運動は失敗するだろう。

　実際、香港でも占拠の当初に警察が催涙弾を使ったことで学生への市民の同情が拡がったが、その後は彼らへの支持は低下し、たとえば香港中文大学の調査では10月中旬の時点で「占拠反対」が36％にすぎなかったのが、11月中旬には44％に上昇し、さらに11月19日発表の数字では83％に到っている。特に、この時点では68％が「強制排除に賛成」とまで答えるに至っていることが重要である。なお、占拠反対派は「占拠反対」の署名運動も繰り広げ、最終的には百数十万筆を集めている（134万筆との情報と180万筆との情報がある）。香港の成人人口（市民）は350万人とされるから、この数字がいかに大きいかがわかる。

　さらにこの運動に我々が違和感を持つのは、そこで貼り出されている「反共」や「共産匪賊」といったスローガンにもある。中国政府と闘っているのであるからこれはある種当然のスローガンであるとも言えるが、他方では彼らの闘いは後に述べるように「財界との闘い」でもあるので、これを「反共産主義運動」と呼ぶには無理がある。むしろ「共産党だったら

写真1：セントラル地区で「占拠」のために作られていたバリケードのひとつ。(10月30日、筆者撮影)

財界の味方をするな」とでも言うべき性格の運動ではないかと思われる。現地の運動では法輪功が相当活発に関わっており、さらにはCIAなども地下で活動しているだろう。それによる運動上のバイアスとも考えられる。

しかし、こうした問題点があったとしても、そのことだけでこの運動の本質を理解するわけにはいかない。そもそもこの運動の争点は選挙制度にあり、反発の中心は普通選挙の候補者指名委員会を財界代表が大多数を占めていることにあった。ので、上述のように「財界との闘い」が運動の本質であると言える。香港財界の容認する候補しか普通選挙に出られない制度かどうかが問われているのである。[1]

この意味で、今回の闘いは「財界」と一般市民の間に発生した典型的な階級闘争と捉えるのがまず第一のポイントである。占拠の現場には写真2にあるように実に様々なポスターや落書きが掲示されていたが、私が最も重要だと思ったのは「深圳・九龍間の高速鉄道やマカオと結ぶ架橋プロジェクトに使った2000億元は官僚の汚職源となっている。これに香港人は一人当たり2万元の税金をとられている。」との落書きであった。

今回の運動の背景には格差の拡大という状況があると言われているが、その格差を放置するのかそれとも必要な措置をとるのか、そのために行政長官に誰を選ぶのか、選ぶことができるのか、が問われている。したがって、こうした争点は諸外国でも普通に存在していて、通常は上の落書きのような主張は共産党がしているものである。ここ香港では立場が逆転して

---

[1] 「財界」側のこの意図を暴露することとなったのは梁振英行政長官の欧米メディアへのインタビューでの回答である。この中で梁長官は「(民主派の言う選挙制度改正案をのむと) 月収1800米ドル (約20万円) 以下の低中所得者層が選挙を主導することになる」と答えている。

いる。

ただし、こうしてこの運動の基本的性格を理解するにしても、一点においては学生たちの運動にも問題があった。それは、上記の候補者指名委員会の構成を焦点にするあまり、そこへの教授や医者や学生たちの代表が少なすぎ、他方で農民代表の数が多すぎる

写真2：掲示された様々なポスターや落書き（10月30日、著者提供）

と主張していたことである。彼らの主張では教授は2887人に1人の割合、医者は371人に1人の割合にもかかわらず、農漁民は2.63人に1人の代表が選ばれているとの非難である。この数字を聞くとさすがに私もバイアスを感じるが、農漁民は「弱者」なので、人口比以上に代表がでても悪くないのでは、とも思う。この意味で、学生たちは「反財界」の一点でそれを除く様々な諸階層との同盟をこそ目指すべきではなかったか。学生たちのこのスローガンについては正直そうした違和感を持たざるを得なかった。

とはいえ、この運動の本質は上述のように「財界本位の香港」からいかに転換するかにあった。そのことを確認したうえで、本章ではいくつか付随する諸論点について述べてみたい。

香港「セントラル占拠」運動における一般市民と学生の意識比較について

ところで、私がこの問題に関心を持ったのには、この問題が「独立」問題と関連をするなど少数民族問題に類したところがあったからである。この点では後にもう少し詳しく論じるが、ともかくこのようなことで、運動の継続中に調査をできないものかと考え、実は2度にわたって、10月30日と11月30日に現地を訪問することができた。最初は夜中に羽田を出て同日の夜中に羽田に帰るという強行軍、2度目は広州で開かれた国際学会の2日目に思い至って半日間香港に出かけたというものである。どちらも非常に短い時間のものでしかなかったが、当然、ともに「占拠」の現場

に行き、特に2度目は大きな集会があったのでその熱気を感じることができた。

　しかし、こうした「熱気」だけでは真に香港全体の状況がわからないので、より重要なのは1度目に現地でとったアンケート調査の結果となろう。事前に6項目の質問を考え、繁体字に翻訳し、ひとりひとりに「1分ください」といって回答してもらったものであるが、「一般市民」と運動参加学生合わせて74人の回答を得た。「運動参加学生」とはモンコック地区でテントで座り込みをしている学生たちで、昼間は暇でのんびりしていたため割と簡単に回答に応じてくれたが、多少難しかったのは「一般市民」へのアンケートであった。道を急ぐ人に立ち止まってもらうわけには行かないので、昼食時に公園で休んでいる人やバス・ターミナルでバス待ちをしている人に依頼し、実は羽田で香港行きの飛行機を待っている客からも回答をもらっている。これは厳密にいうと「香港現地」とは言えないが、数時間後に香港に帰る香港市民なので（もちろん「香港人」であることを確認の後、依頼した）、「香港市民からのアンケート」と理解されたい。

　ともかく、こういうことで、モンコック地区で占拠する学生からは41名のアンケートを回収し、羽田から香港に向かう便に同情した香港人からは17人、モンコック周辺の一般人からは6人、セントラル地区の一般人からは10人のアンケートをとることができた。ここでは 17 ＋ 6 ＋ 10 ＝ 33 人を「一般市民」と呼ぶことにする。この結果をまずは以下に整理したのでご覧いただきたい。なお、各表の注にある χ^2 乗検定のp値は、「学生」と「一般人」の間で回答に意味のある差があるかどうかを調べるための値であり、その数字は低ければ低いほど「差がある」ことが意味されている。

　最初の質問項目は中国政府が決めた普通選挙制度の是非をめぐるもので、これは表1のように一般人を含む多くが「要改正」としていることがわかる。私がとったアンケート調査の回答者に「財界人」はなかったように思われるので、やはりこの選挙制度に多くの市民が反対している様子がうかがえる。しかし、それでも、この改善のためにどのような方策で意見表明をするかが問題であって、その点では学生たちのバリケード封鎖を「違

表1　中国政府提案の普通選挙制度は改正が必要か

	必要	不要	分からない	総計
一般	25	6	2	33
学生	41	0	0	41
総計	66	6	2	74

注：χ^2検定p値は0.003803

表2　「セントラル占拠」は合法か違法か

	合法	違法	違法だが理解できる	総計
一般	1	10	22	33
学生	3	1	37	41
総計	4	11	59	74

注：χ^2検定p値は0.00327

表3　中国政府が選挙法改正に同意しない場合、この占拠はいつまで続けるべきか

	直ちに終わる／終える	あと一週間	あと1月	いつまでも	分からない	総計
一般	7	5	6	13	2	33
学生	0	0	2	38	1	41
総計	7	5	8	51	3	74

注：χ^2検定p値は3.124E-05

法」として否定的に見る者も一般人の1／3を占めている（表2）。このあたりがひとつのポイントである。

　このため、この10月末の時点で占拠運動はいつまで続けられるのか、という趣旨で聞いたのが次の表3の質問である。この質問については、そこにいたほとんどの学生は「永遠に」と答えているが、「一般人」の過半は適当なところで運動を辞めることを期待している。私自身も実はモンコックやセントラル地区に座り込む学生が予想よりずっと少ないことに驚いたというのが正直なところである。私がそこで回収した学生のアンケートは上述のように41枚であったが、実際にその場にいた学生の総数は多くて200であった。最初にこの運動を呼び掛けたリーダーもこの時点ではすでに「学校に帰ろう」と主張するに至っていた。

表4　あなたは香港人か中国人か

	香港人	中国人	両方	他	総計
一般	11	10	10	2	33
学生	28	2	11		41
総計	39	12	21	2	74

注：χ2検定 p 値は 3.124E-05

表5　英国統治期と今とどちらがよいか

	英国統治期	現在	共にダメ	分からない	総計
一般	14	12	5	2	33
学生	31	1	7	2	41
総計	45	13	12	4	74

注：χ2検定 p 値は 0.00152

表6　日本には「民主主義」があるか

	有る	無い	有るが問題あり	分からない	総計
一般	18	2	9	4	33
学生	12	3	19	7	41
総計	30	5	28	11	74

注：χ2検定 p 値は 0.173047

　他方、こうした政治行動の有無（「セントラル占拠」行動をする学生と一般人）を生み出す背景や意識の問題を調べるために、表4、5、6にまとめた質問も行なっており、その結果を見れば香港人／中国人アイデンティティーという問題が大きく関係していることがわかる。ただ、香港人／中国人アイデンティティーは状況によって大きく変動するものなので、このアイデンティティーに依存して今回の運動への参加／不参加が決まっているというより、アイデンティティーを決める諸要素（たとえば、「中国人」と自認することで得られる利益の多寡）が彼らをして運動への参加／不参加を決めているという逆の関係（運動の原因たる利益がアイデンティティーを規定しており、その逆ではないということ）が重要で

ある。しかし、ともかく、一般人は「香港人」、「中国人」、「両方」との3つのアイデンティティーがほぼ同じ比率となっているのが、運動参加者＝学生たちの間では「中国人」アイデンティティーがほとんどなく、2／3が「香港人」となっている。興味深い。

　この傾向は表5でも表されている。表4で「香港人」と答えた回答とほぼ同じ数が「一般」においても「学生」においても「英国統治期の方が良かった」と答えているからである。英国統治期に民主主義があったわけでは全然ないが、そう思いたくなるというのは、要するに現在の体制に不満があるということである。「一般」でも半数が「英国統治期の方が良かった」と答えてしまう、そのような現状の問題点を香港政府と中国政府はよく考える必要があろう。

　その点で最後に興味深いのは、表6の日本の「民主主義」理解である。普通の外国人であれば、日本の政治制度に存在する多くの問題点を知らないから「日本には民主主義がある」となるところが、学生たちの約半数が「（民主主義が）有るが問題あり」と答えているというのは興味深い。ただし、$\chi 2$検定の結果では、一般人との差は統計的に有意ではなかった（p値は0.173047）。

アイデンティティー別の意見分布

　以上、「学生」か「一般市民」かによって政治意識がさまざまに異なっていることを見たが、これらはもちろん、表4で見たアイデンティティーとも関わっていよう。とすると、ここでの様々な政治意識が、

　①　運動への参加／不参加　と　②　アイデンティティー

のどちらにより深くかかっているのかが気になる。そして、そのために、以下ではまず各種アイデンティティーとの間でも他の質問項目とのクロス集計を行ない、ここでも表1－6と同様、$\chi 2$乗検定のためのp値を計算した。そして、そのp値を各質問項目ごとに整理すると最後の表12となる。

　この表12も非常に興味深い。というのは、グレーで示したように5項目中3項目までで「アイデンティティー」の方が運動への参加／不参加

表7　中国政府提案の普通選挙制度は改正が必要か

	必要	不要	分からない	総計
香港人	37	1	1	39
中国人	9	3	0	12
両方	19	1	1	21
他	1	1	0	2
総計	66	6	2	74

注：$\chi 2$ 検定 p 値は 0.066792094

表8　「セントラル占拠」は合法か違法か

	合法	違法	違法だが理解できる	総計
香港人	4	2	33	39
中国人	0	7	5	12
両方	0	2	19	21
他	0	0	2	2
総計	4	11	59	74

注：$\chi 2$ 検定 p 値は 0.000171422

表9　中国政府が選挙法改正に同意しない場合、この占拠はいつまで続けるべきか

	直ちに停止	あと1週間	あと1月	永遠	分からない	総計
香港人	1	0	5	32	1	39
中国人	5	3	1	3	0	12
両方	1	1	2	16	1	21
他	0	1	0	0	1	2
総計	7	5	8	51	3	74

注：$\chi 2$ 検定 p 値は 3.8494E-06

表10　英国統治期と今とどちらがよいか

	英国統治下	現在	共にダメ	分からない	総計
香港人	28	2	8	1	39
中国人	3	8	1	0	12
両方	13	2	3	3	21
他	1	1	0	0	2
総計	45	13	12	4	74

注：$\chi 2$ 検定 p 値は 0.000308014

表11 日本には「民主主義」があるか

	有る	無い	有るが問題あり	分からない	総計
香港人	16	2	17	4	39
中国人	6	1	3	2	12
両方	7	2	7	5	21
他	1	0	1	0	2
総計	30	5	28	11	74

注：$\chi 2$ 検定 p 値は 0.89661879

表12　運動への参加／不参加とアイデンティティーのどちらが政治意識に影響しているか（表中の数字は各質問項目への回答分布の $\chi 2$ 乗検定の p 値）

質問項目	学生／一般人	アイデンティティー
「中国政府提案の普通選挙制度は改正が必要か」への回答	0.00380	0.06679
「『セントラル占拠』は合法か違法か	0.00327	0.00017
「中国政府が選挙法改正に同意しない場合、占拠はいつまで続けるべきか」への回答	0.00003	0.00000
「英国統治期と今とどちらがよいか」への回答	0.00152	0.00031
「日本には民主主義があるか」への回答	0.17305	0.89662

（「学生」であるかどうか）よりも強く関係していることが示されているからである。「セントラル占拠」が合法か違法かを決めているのは事実上「中国政府」であり、占拠をいつまで続けるかも「自分たちは中国人ではない」と思えばより強硬となる。そして、それが高じれば「英国統治期のほうが良かった」となる。実のところ、占拠に参加している学生は英国統治期のことを本やテレビでしか知らない。ただ、それにもかかわらず「英国統治期の方が良かった」と答えるとすれば、それは単なる現状への不満と考えるべきものである。今回の事態も、こうしたアイデンティティー問題と深く関わっていることを確認しておきたい。

背景としての大陸中国人の流入と経済格差

したがって、ここでの問題は「中国との一体化」が経済面でどのような影響を香港経済に与えているかとなるが、この点ではまずは1997年の返還当初に大陸の27％を占めた香港のGDPが現時点ではたったの3％に

グラフ1　中国人アイデンティティーを持つ人の割合（調査時期・年齢別）

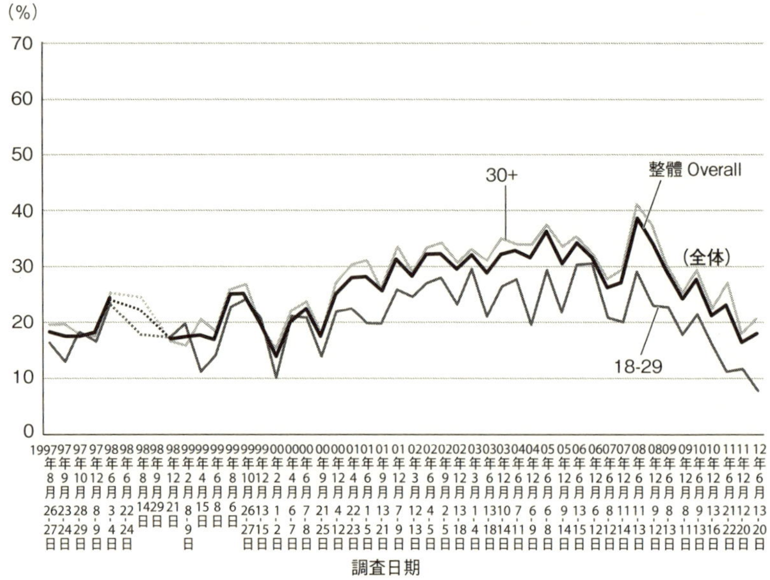

出所：香港大学民意網站 HKU POP SITE より

まで縮んでいることを知っておきたい。これは香港経済が縮んだのではなく、大陸中国の経済の成長が非常に速かったことの反映であるが、ともかく、返還当時の香港が大陸経済にとっていかに重要であったかを想像するに十分な数字である。香港という存在がこの当時、大陸経済とより密接に結びつくことで大きな役割を果たし、また逆に香港はそのような役割を果たせることによって自らの存在意義を主張することができた。

もう少し具体的にいうと、大陸中国は輸出志向型の工業集積地である広東省に資金と貿易窓口を提供し、多くの広東省企業は香港に各種の出張所を置いたからである。このため、香港と大陸中国との経済関係は当初はウィン・ウィン関係となり、香港人の「中国人アイデンティティー」は2008年までずっと上昇することとなった。このことは香港大学が毎年調べているグラフ1の「アイデンティティー調査」によって確認することができる。

しかし、この関係は大陸の経済自体の自由化が進行し、特に上海などが新しい金融センターとして大きく浮上する中で変化をする。香港人の「中国人アイデンティティー」の低下には、中国経済が広東省型の輸出志向経済を脱却し、内需主導経済にシフトする中で余計に顕著となる。ちなみに、この変化を西側では「香港を北京は軽視するようになった」と評するが、この表現は我々西側世界の責任を無視したものとなっている。中国政府が広東省＝香港型の輸出志向経済から脱却することとなったのは、アメリカや日本など彼らの「輸出先」の需要が恐慌と不景気のために減退し、よって別の方向を目指さざるを得なくなったためである。この誤解だけは解いておきたい。

　さらにまた、「中国大陸との一体化」は別の意味でも香港市民に重圧となる状況が始まっている。それは、アメリカの大手総合情報サービス会社ブルームバーグが2014年10月6日に配信した情報では、最近の香港への中国人の流入は住宅価格と一般生活費を押し上げ、香港在来の学生は香港の大学に入学しにくくなり、これらの結果、住民の中での経済格差が急速に広がっているということがある。

　たとえば、1998年、2003年、2008年および2014年時点の上記の主要な指標は表13のようになっている。おそらく大陸から安価な生活物資、生産物資が流入し、2003年くらいまでは庶民の生活にも利益があったが、その後は物価の上昇が激しく、かつまたジニ係数で表された所得格差が上昇している。この結果、貧困層の実質生活水準は低下しているものと思われる。

　また、ここでは最後の行で示された「大陸中国からの訪問者数の増大」も大きい。これは大陸に籍を持つが香港に住む人口の増大をも反映しているはずで、そうなると確かに住宅価格はこのように上昇しよう。ちなみにホテルも大陸からの客で満杯であり、私もホテルの予約ができなかった。第1回目の調査で宿泊をしなかったのには日本の旅行代理店（HIS）が香港で一切のホテルを予約できなかったことが原因している。あのような「騒ぎ」の中でも大陸からのビジターは減ってなかったということになる。

　こうして、香港人アイデンティティーの強まり、言い換えると中国人ア

表13 中国返還後香港の生活関連諸指標の推移

	1998年	2003年	2008年	2014年
住宅価格（資産価格指数）	(2000年で85)	70	120	250
消費者物価指数	104	90	97	113
香港の大学への大陸中国人の入学者数	800人	1800人	5700人	11400人
所得格差（ジニ係数）	0.52	0.525	0.532	0.54
大陸中国からの訪問者数（月平均）	-----	700人	1300人	3700人

注：2014年10月6日付けブルームバーグ社HPのグラフより筆者が読み取ったもの

　イデンティティーの弱まりとは「大陸との一体化」がそれぞれにとって経済的利益となったのかどうかという問題と関わっている。そして、これが新疆ウイグル自治区やチベット自治区といった中国国内の少数民族地域での「アイデンティティー問題」とも本質的に同じであることを付言しておきたい。

　私は新疆ウイグル自治区の少数民族問題に1995年以降ずっと関わってきたが、その当初、ウルムチでよく聞いた不満は「漢族が流入して物価が高くなった」というものであった。この不満は現在南新疆地区に移っているが、ともかくこうして「経済一体化」は人口の流入をも帰結し、このような影響を及ぼす。新疆ウイグル自治区と本質的に同じ質を持った不満で中国人アイデンティティーの低下が発生しているということが重要である。

香港は「財界天国」を辞められるか

　こうして香港経済における格差拡大や成長率低下の問題に注目すると、これらの問題がただ香港に特殊な問題ではなく、すべての先進国に一般的な問題であることに気付く。そして、もしそうなれば、ここでは政府がより「一般市民」の側に立った政策に重点を移すべきであって、これが本章冒頭で私が述べた「基本的には学生たちの主張は正しい」という結論と関わることとなる。資本主義はその当初には急速な資本蓄積を必要とし、したがってどの国でも独裁制などの形で強蓄積が強行された。が、その時代は去り、先進国では逆に過剰蓄積の抑止が必要となり、言い換えれば労働

者・市民の生活を重視する諸施策こそが必要となる。学生たちがどこまで自覚していたかは別として、こうした時代の要請を今回の運動が担っていたのである。

しかし、この運動が基本的には進歩的な運動であるとしても、同時に方向性を確立することの困難さも私は香港現地で感じることができた。

香港はシンガポールと同じく「自由」をその本質的な取り柄として発展し続けてきた存在である。その意味で、学生たちの自由な発言、自由な行動は極めて香港らしい特徴として理解することができる。香港の地でこれを抑えることは決してできない。しかし、ここで同時に考えねばならないことは、ここには「自由」があっても「民主」はイギリス統治時代からなかったこと、同じくそれは「独裁国家」のシンガポールにおいてより鮮明に言えるということである。[2]

もっと言うと、ここ香港では実は人々はずっと「民主」に何の関心も持っていなかったのである。これは日曜日に公園に集まる家政婦さんたち（そのほとんどはフィリピンなどからの出稼ぎ労働者）の正直な気持ちでもある。彼女らは自由に入国し働きさえできればよい。この「自由」だけで十分なのである。また、過去に禁を破り海を泳いで亡命してきた多くの「香港人」もそうであろう。今回の「民主派」は過去に「反グローバリゼーション」＝反新自由主義を掲げて座り込みを行なっているが、その運動はまったく空振りに終わっている。香港では「反自由」はどうしても受けないのである。

もちろん、この香港の伝統である「自由」を新たな課題としての「民主」と対比させようとする考え方には反論もあろう。しかし、冒頭で紹介した落書きに鋭く表されているように、ここでの「民主」は庶民のためにお金を使えという再分配要求およびそれらを実現するための選挙制度の要求として表れているのであって、これはやはり政治の方向性を「（新）自

---

[2] シンガポールの元「独裁者」リー・クアンユーは香港最後の総督クリス・パッテンが導入した「民主改革」を批判して「香港の過去の発展は政治ではなく、ビジネスに重点が置かれていたからであり、市民が政治に関与しなければ、シンガポールのような高度の発展を遂げることができる」と述べている。

由主義」から脱却させようとする志向性として存在している。つまり、やはりここでは「民主」は「自由」と逆の方向性としてあるのである。

したがって、シンガポールと同様、香港は「民主は要らない、自由だけでよい」との基本的な「国のかたち」で生きてきたのであって、あるいはもっと言って、こうでなければ経済発展を遂げられない「国のかたち」を本来持っている。考えてみれば、大陸でのような様々な規制がなく、「何でも自由」だからこそ香港は金融のセンターとなり、中継貿易のセンターになってきた[3]。その特質をもし香港が自分で放棄するとなれば、それこそが香港の没落を意味することとなろう。

前述のように香港の経済規模は1997年の返還時とは異なり、相対比で大陸中国より大幅に縮んでいる。香港のGDPは今や上海や北京にも追い越され、香港を拠点としていた国際金融資本も怒涛の勢いで上海に拠点を移し始めている。各社の中継貿易センターも上海の洋山港に移されつつある。この時期にさらに「自由主義香港」の「国のかたち」を放棄すればいったい何が香港に残るのか。そのような問題もが背景に横たわっているのである。この立場こそが香港財界の立場である。

ただ、それでも思うことは、こうして香港が過去の路線で頑張っても、まずは金融センターの上海への移動を阻止できないだろうということである。香港の2013年のGDP成長率は2.9％にとどまり、上海の7.7％を大きく下回っている。そして、香港のGDPを上回る大陸中国の都市は年々増え、そのうちに全中国の30位くらいまでに下がるであろう。これは必然不可避な歴史法則である。そして、そのために「香港の特殊な地位」と

---

3 したがって、今回の選挙制度の本質は「香港の中国化」ではなく、「香港は中国にしない」との過去の約束の履行としてある。鄧小平はその秘書に「一国両制というのは香港は資本主義でいくということだ」と述べたという逸話がある。「マルクス主義者」たる鄧小平にとって大事であったのは、資本主義か社会主義かといったレベルの「制度」選択であって、その意味で「一国両制」というのは香港を資本主義のままで留め置くことであり、それはとりもなおさず「財界天国」を維持することでもあった。この意味で、今回の選挙制度の提案は、「中央の意向」というより、従来の香港の支配システムの中央政府による容認と理解するべきものである。この点で世間の誤解を解いておきたい。

しての「自由の優位性」は消失し、格差はさらに拡大することとなろう。この変動が生じ始めているからこそ、今回の運動が始まっているのであるが、そのさらなる進行が避けられない以上、この「民主の圧力」は高まらずにはおかない。こうして香港は徐々に「国のかたち」を通常のものに変形しつつ、その地位の低下を進行させるものと予想される。歴史の法則性とはこのようなものである。

　したがって、本章の主張を要約すると次のようになる。すなわち、香港「民主派」の運動は左翼的な階級闘争として展開されており、基本的には進歩的なものである。したがって、長期にはその要求は実現されようが、それを現時点で獲得することは非常に難しい。大陸に対する香港の経済的地位の低下を伴いつつ、つまり、「ふつうの中国の大都市」に変貌する長い歴史の中で実現される課題である、という理解である。

＊本章は雑誌『季刊中国』第120号（2015年春）に掲載された論文を一部修正のうえ転載したものである。本研究は慶應義塾の塾内資金と日本学術振興会「アジア研究教育拠点事業」からの支援を受けた。記して感謝したい。

補論2　マルクス学者の平和論および日中関係について

はじめに──異端としての私の立ち位置

　本講演[1]のキーワードは「マルクス」と「日中関係」です。これは慶應義塾で教えている授業が「マルクス経済学」であるということと、他方では中国研究や日中関係の仕事に携わっているということがあります。また、中国研究では長い間、中国の少数民族問題を研究してきましたので、それにも関わって今回お話しをさせていただければと思います。

　ところで、2015年のこの市民シンポジウムでは「対論！　右翼の異端、左翼の異端者」というテーマでお二人[2]が話をされましたが、よくよく考えると、実は今までその自覚はなかったのですが、私もかなりな異端であります。

　まずは、マルクス経済学それ自体がそもそも異端ですね。その中でも私は「数理マルクス」という領域をやっていまして、これはマルクス経済学でも大変な異端です。かつまた、一般のマルクス学者は「国家」が大好きで、それは「計画経済」につながるのですが、私はそういう見方に反対しています。つまり、「自由主義派のマルクス主義者」であるのですが、これもまた、すごく異端です。「中国」を研究していますけれども、少数民族についての研究が主体です。この分野もまた少数派です。

　他方、私は京都の出身です。2012年までずっと京都に住んで、京都大学で勤務しておりました。京都人という特性も、東京に越した今では少数派、異端ですね。京都の人間が東京に出てくるには、よほどの決意がい

---

[1] 本論は、日本生物地理学会主催シンポジウム「隣人とどう付き合うか、生命との関わりのなかで」（2016年4月開催）での講演記録をもとに一部修正のうえ転載したものである。

[2] 鈴木邦男一水会顧問と、森中定治日本生物地理学会会長。

るんですね。「京都の人間が東京へ出たら、京都の負けを認めたことになる」というような意識があるんです。このことは後でお話ししますが、考えてみれば私が現在勤務している慶應義塾大学を創設した福沢諭吉も元幕臣ですから、明治維新で負けた側なんですね。ついでに言うと、私の母親は会津の出身です。

「戦争」を理解するための一例、明治維新

　先ほどの伊勢崎賢治さん[3]のご報告も、ただ単に戦争に反対するのではなく、戦争というものに対する理解を求める内容でしたが、私はこの戦争というものを理解するために、明治維新は好例であると思います。明治維新のときに、戦争はなるべく避けようと考えた勢力ももちろんいます。簡単に言うと、彼らは幕府体制から新しいシステムを作って移行するプロセスを、もっと漸進的に、ゆっくりと進めようとしました。これが「公武合体論」です。

　しかし、もし「公武合体論」程度で明治維新が終わってしまっていたのならば、おそらく徹底した改革は不可能だったでしょう。もっと言うと、戊辰戦争と西南戦争がなければ、武士階級を一掃することはできなかったと思います。ここで私が言いたいことは、武士階級のいない近代日本を生み出すには、戦争は不可避であったということです。

　この明治維新の例にあるように、人類には戦争が必要な時期がありました。もちろん、人類史において将来無限に戦争が不可避というのではありません。明治維新では必要だった「戦争」が、後に必要でなくなったのはなぜなのかを深く突き詰め、それを理解する延長線上で、「戦争が必要でなくなる条件とは何か」についても考えねばならなくなるでしょう。

　さらに、「戦争」以外の方法で「負け」を認めさせるには何が必要かという話をしたいと思います。世の中には確かに、ウィン・ウィンという関係は存在します。でも、世の中それほど甘いものじゃありません。「戦

3　東京外国語大学教授。同シンポジウムで同じく「隣人とどう付き合うか、生命との関わりのなかで」とのタイトルで報告された。

争」でなくとも誰かが勝って誰かが負けるということが必要になります。その意味で最後に「帝国主義」についても触れることになります。

I．人類には戦争が必要だった

マルクスにおける平和観

まずは「マルクスと平和」についてです。この「戦争」という問題は、「国家」「国家権力」と深く関わっています。国家の関わらない紛争も存在しますが、戦争は多くの場合、国家が関わっています。

マルクスは「国家というものは"階級闘争の非和解性の産物である"」と言っています。つまり、階級分裂が最初に存在し、階級闘争が生じると国家が必要になるという意味です。このような、闘争が不可避であるという視点で国家を論じる姿勢は、ホッブズの『リヴァイアサン』と共通しています。マルクスはこのような視点で紛争や国家権力を議論しています。

ただし、この理解は言い方を変えると、階級がなくならないかぎり国家と戦争は廃止できないとの認識を示していることになります。したがって、「平和」を達成するために、階級はどうすればなくせるかという課題に関心が移行します。これが本来のマルクス主義の考え方です。

問題は、この結果として導かれる戦争と平和の問題がやや悲観的なものになるということです。つまり、もちろん階級をなくしさえすれば平和を達成できるという意味では楽観的とも言えるのですが、それが達成されないかぎりは戦争を廃止できないという意味では、やはり悲観的な結論であると言えるわけです。

レーニンと帝国主義

もう一つはレーニンです。現在ではレーニンは悪名高い存在で、レーニンを論じる機会はとても少ないです。

しかし実際は、レーニンの登場以前のマルクス主義者は、階級矛盾と階級問題しか論じてきませんでした。ところがレーニンが登場して、マルクス主義者たちは「帝国主義」問題にも取り組むようになったのです。現代

では、世界中のマルクス主義者のほとんどは、帝国主義の問題を中心に議論し、運動しています。戦争や帝国主義の問題をマルクス主義者における主要なイシューにしたレーニンは、大きな役割を担ったと言えます。

　もう一つ、レーニンは「権力は悪いもの」との意識を、マルクス主義者の共通認識にしました。レーニン自身も国家主義者だったとも言えますが、彼が革命運動において戦った相手は独裁政治です。そして、独裁政治にどう戦うかということで無政府主義者と同盟をしました。つまり彼は、基本的には自由主義の側、反権力の側に位置していたのです。

戦争回避の財界・米国に逆流する安倍政権

　ここからは、マルクスの理解やレーニンの議論から離れて、戦争をどのように廃絶できるかを議論したいと思います。

　現在の官僚制度が高度な完成度を持っているとか、社会が暴力を許さないレベルまで成熟しているとか、「国際紛争も非暴力で解決すべき」という合意の広範な拡がりがあるとか、安保法制への反対運動が拡がったこと——など、戦争をなくすための諸要素が社会に根付いていることは事実でしょう。しかし、それだけで戦争を終わらせることができるかといえば、そう簡単ではありません。

　たとえば日本の話でも、現安倍政権が単に好戦的な指向を持つというだけではなく、日本人の心の中の感情に戦争への指向性があり、それが政治に表面に現れているに過ぎないとも言える状況が存在します。

　実際、安倍政権を支える二つの勢力は財界と米国ですが、この両方ともが、中国を特別に嫌悪しているわけではありません。彼らが中国と戦争せよと言っているわけでないのは、私の日中友好協会副理事長としての経験でもはっきり言えます。中国大使館が主催する各種の行事に行けば、そこには常に財界の人がいっぱいです。そういった場所で、現在の経団連会長・榊原定征氏と名刺交換したこともあります。財界は利益を出し続けるために中国へ製品を売らねばならないので、中国とは絶対に戦争をしたくないと考えているのです。2012年に安倍首相が靖国神社へ参拝したときも、財界は相当頑張って反対をしました。

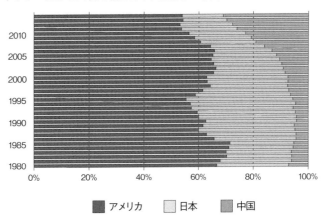

グラフ　GDP比で見る縮む日本、膨張する中国

　アメリカも同じで、安倍首相の靖国参拝の直前に、来日中だったヘーゲル国防長官とケリー国務長官が千鳥ヶ淵戦没者霊苑に行って、参拝すべきは靖国ではなくて千鳥ヶ淵であると、相当に強いメッセージを出しています。それを振り切って安倍首相は実際に靖国参拝を強行しましたが、米国はその行為に不快感を表明し、抗議をしました。

　問題は、安倍首相が財界やアメリカといった支持基盤のために参拝しているのではなく、それ以外の勢力の方を向いて参拝しているということです。要するに、日本国内の右翼世論、言い方を変えると「対中対抗感情」から脱却できない日本人の国民感情に向かってアピールをしているのです。

日本国民の「対中対抗感情」

　なぜ日本人がそれほど「対中対抗感情」というものから離れられないのでしょうか？　どうして日本ではこれほどまでに反中意識が強く、中国脅威論が根強いのか、その背景について論じてみたいと思います。

　もちろん、中国にどんどん経済力で追い抜かれていることについて、日本人全体に焦りが拡がっているのも理由でしょう。日米中のGDP比率の推移をグラフで表現すると上のようになります。

　過去には日本のGDPが米国の半分を超えて、「ジャパン・アズ・ナン

バーワン」と言われて気分がとてもよく、日本と米国の二大国で世界を支配している気になっていた時期がありました。

　現在はまったく様相が変化してしまっています。以前には大した力を持っていなかった中国がどんどん強大になり、日米中の３国比で見ても年を追って日本の比率がどんどん減り、過去の半分にまで縮んでいるのがわかります。アジアの中で日本はどんどん縮んでいる。世界やアジアの市場全体が縮んでいくのならまだ納得出来るかもしれませんが、自国が縮むのと同じ勢いで、逆に中国はどんどん大きくなってくる。そこで、中国にどう対抗するのかを考えなきゃならないという気分になるわけです。そんな状態で中国脅威論が出てくれば、すっぽりとそれに覆われてしまいます。

比較としての米韓関係──外交におけるプライオリティ
　経済力で日本の比重がどんどん低下し、中国がどんどん大きくなってきたというパワーバランスの変遷を原点として、日本にとって米国はますます大事となるわけですが、この関係を説明するために、韓国世論の変化の運動法則についても少し説明したいと思います。

　韓国も米国と同盟を結んできましたが、その国民感情的な背景は日本と同じです。韓国にとって一番の外交問題は対北朝鮮関係、南北関係です。北朝鮮への対抗が、外交上の第１位のプライオリティを持つ問題となっています。そして、強力な北朝鮮と対抗するために、誰かをバックにつけなければならず、それが米国との軍事同盟に結びついているわけです。

　現在では、中国とうまく付き合った方が北朝鮮に対する圧力としてさらに有効かもしれないとのオプションが出てきて、そのために中韓関係の改善をめざす動きもありますが、ともかく韓国にとって一番の心配事は南北関係であり、そのために他国とどうするかが次に戦略決定されていると言えます。韓国にとっての北朝鮮に対応するのは、日本にとって対中関係でしょう。

中国の大国化による、日本のアドバンテージを利用せよ
　しかし、私がここで言わなければならないのは「対抗」ではなくて中国

を「利用」するというチョイスです。そもそも世界の重心移動、これまでの西洋中心主義の克服は大事なことだと思います。中国が大きくなることは、アジア、東洋が大きくなることです。中心が西洋から東洋へ移ることはよいことだと考えようではないかとの提案です（本書第6章参照）。

　もう一つ、中国語の世界標準化も日本の利益だと考えたらどうでしょうか。私も慶應義塾大学の私の同僚にしても、論文や学会発表なども基本的には英語が大事だと思ってきました。しかし、本当に我々が我々の学問を世界に輸出しようと思ったとき、地球の反対側のニューヨークやワシントンに行かなければ学問の中心に座れないというのは不便です。中国語の方が英語よりも世界的に強くなるのであれば、それは我々にとって良いことです。欧米人が中国語を勉強するのと、我々が中国語を勉強するものは全然違うので、相対的に欧米人に対する日本のアドバンテージとなるのではないでしょうか。

　また、ニューヨークやワシントンまで行かなくても、北京や上海まで数時間飛べば学問の世界的中心にアクセスできるようになったら、この方がずっと得だというふうに考えようというのが一つ目の私の提案です。

II．戦争以外で「負け」を認める方法を探そう

京都・会津にとっての「負け」意識

　しかしそれでも、もしこうなったとしても、残念ながらこれは日本が中心になるわけではありません。世界の中心がワシントンやニューヨークから北京かどこかに来るだけです。東京は、かつてはそうだったかもしれませんが、すでにもうアジアの中心でも世界の中心でもなくなってしまいました。日本人が、こうした「負け」を認めることができるのかが重要だと私は考えています。

　この辺が、いかにも京都人っぽい、会津人っぽい話なのですが、ずっと東京に住んでいらっしゃる方々にはわかりづらい感覚かと思います。しかし私は京都から来ましたので、京都の人間の感覚をよくよく理解できます。京都の人間は自分たちが中心だったという過去から離れることができず、

補論2　マルクス学者の平和論および日中関係について

実は今でも京都は日本の中心だと誤解しています。現実を認めることができないのです。

でも、私は半世紀も京都人として暮らすうちに、ちょっと違うのではないかと考えるようになりました。現在は東京が中心になったのだと「負け」を認めて、降参宣言をして大学を異動しました。

東京にずっと住んでいると、そういうことを感じることはできません。京都人が東京に移住するには、こういうことをひとしきり考え、乗り越えないとならないんです。したがって、人間、自分が気に入らない現実も必要なら（歴史の逆行でないかぎりは）認めることのできる精神構造も必要だと思うわけです。

実は、この関係は会津と長州の関係でもあります。会津は今でも自分たちが正しかったと思っていますが、もう一度会津の正当性を世間に納得させようとか、会津を中心に日本を動かそうとはしていません。そうしないのはなぜかというと、戦争で負けたからです。だから、戦争というものは、人々を納得させるための手続きとして機能しています。

選挙というのもそうした「負け」を認めさせる方法の一種で、本当は俺が正しいのだと思っていても、選挙で負けたから仕方がない。正しいかどうかではなくて、勝ち負けというものを納得させる仕組みとして機能しているということです。

度重なる戦争の結果で首都が定まった

同じようなことは、中国とかヨーロッパについても言えると思います。私は中国の少数民族問題も研究していますので、次頁の図をいつも見ていますが、この▨▨の部分が「漢族地域」、それ以外が少数民族地域です。この漢族地域だけが本来の「中国」でしたが、元朝以降に現在の中国の版図に拡大しました。そして、その背景には大規模な戦争や征服があったわけです（もっと言うと、「漢族地域」が確定するためにも春秋・戦国の550年の戦争がありました）。

言い換えると、中国のような広大な地域が固まりを形成し、ある一つの都市のみを首都と認めるようになるためには永い長い戦争が必要だったと

133

図　中国の言語地図≒民族分布（出所　Wikipedia「中国の少数民族」より転載）

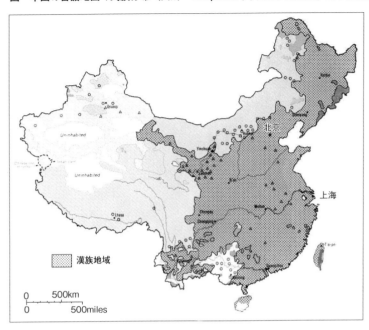

いうことです。現在は、中国の中心は北京ですが、その移動自体も戦争によって決められたわけです。

戦争の果てに共同体を結成した独仏

　東アジアでアジア共同体をつくりたいという意識が、平和を望む人の間でだんだんと広がっています。実際、EUという先行例もあるのですが、そこでのポイントは言うまでもなく独仏の協力関係です。

　EUの中では、まずは英仏独伊の4カ国が中心になっていました。人口や面積ではスペインやポーランドも大きいのですが、やはり英仏独伊がEUの結成プロセスでは別格でした。イギリスは大陸の歴史からは独立していて、今度EUから離脱することになりましたが、それを除く残りの3つが別格なのは、相応の理由があります。

　それはこの3国がともに何らかの意味で「ローマ帝国」だったというこ

とから来ています。イタリアは言うまでもありませんが、そのローマ帝国を誰が引き継ぐのかという形で、フランスとドイツが闘いを繰り広げてきました。西暦800年のフランク王国カール大帝による西ローマ皇帝戴冠に始まり、中世後期から1806年まで「ドイツ国民の神聖ローマ帝国」が存続していたことからも、誰がヨーロッパ全体の代表者たりうるかという争いが1000年以上にわたり続けられていたことがわかります。

　こうして現在のEUになるまで、独仏はずっと戦いを繰り広げてきたのです。その経過の中で、ようやくある種の合意ができてEU結成へとつながりました。このことぐらいは知っていないと、本当に戦争を知ったことにはなりません。戦争をなくすためにはまず人間史の重要な一面としての戦争を理解しなくてはならないと思うのです。

Ⅲ．領土問題を少数民族の視点から見る

中国の現在の領土紛争

　南沙諸島は、私のような少数民族研究者としては非常に興味深く、また重大なテーマです。

　確かに領土問題というのは一般的に大きな複数の国と国の間に生じることとされています。しかし、私はベトナム（中心民族：キン族）とラオス（ラオ族）との間、ラオスと中国（漢族）との間の国境付近にまたがって居住する少数民族を調査したことがありますので、少し違った角度で領土問題を見ています。そこでは、それぞれの国の支配民族が、その中間地点に住む少数民族地区の真中に国境を引いていると見えるわけです。

　よくよく考えると、南沙諸島も、ベトナム・フィリピン・マレーシア・中国といった「大民族」の間に存在する海域です。それら諸国が国境をどこに引くかを争っていますが、周辺大民族の視野から自由になって事態を考えてみると、この海域は本来、ここを自由に往来していた海洋民族のものだということになります。彼らは自由にここを往来していたが、弱小だったので、周辺の大民族によってその真ん中に国境が引かれようとしているのです。本来はこの海域も海洋民族のものではないのか、というのが

少数民族の立場から見た私の立場となります。

　もう一度、ベトナムとラオス、ラオスと中国の間の少数民族の問題に戻りますと、彼らの一部は過去には海岸や平野部に住んでいました。しかし、彼らは弱小だったので強力な民族に圧迫されて仕方なく大民族の支配しにくい山岳地帯に逃げたのです。彼らも当初は強力な民族の支配を受けずに済んでいたのですが、そのうちに大民族の版図に組み込まれてしまいました。ただし、そうした大民族は山の反対側にもいるので、結局はその山岳地帯の真ん中に国境線が引かれ、したがってそれらの弱小民族は別々の国家に分断されて生きていくことになっているわけです。

　ですので、これらの国境線は、たとえそれが国際法上では有効であったとしても、こうした歴史の経過は知らなければなりません。領土問題を少数民族の視点から見るとこのようになります。大事なことは、南沙の争いもまったく同様に、ベトナム・フィリピン・マレーシア・中国といった大民族の勝手な論理で進められているように見えるということです。

現在も続く欧米帝国主義と、それを合法とする国際法

　私たちは皆、アフリカがヨーロッパの帝国主義によって好き勝手に分割されたということを知っています。しかし、欧州起源の国際法は現在もなお、こうした分割が正当だったと認めているということです。

　もちろんその後にどの国も独立したのですが、独立についてもまた、それぞれの宗主国が認めて初めて国際法的にも認定される構造をとっています。独立以前に行なわれた宗主国の分割が正当であるという前提があるので、宗主国の承認という形式をとらないと独立できないのです。

　そうして考えてみると、なぜか欧米が太平洋の島々も領有していることに気が付きます。たとえばメキシコ沖合のクリッパートン島を現在領有しているのはフランスです。昔は、ドイツが南太平洋のビスマルク諸島などを持っていました。これらの島々には実際に人間が住んでいるわけですが、それをドイツやフランスやイギリスやその他の諸国が自分たちのものと言っていたわけです。また、米国は遥か彼方の太平洋の島々（サモア、グアム、マリアナ諸島など）を持っていて、イギリスはアルゼンチンの目と

鼻の先のフォークランド諸島を国際法上合法的に支配し続けています。

　ですので欧米諸国は、中国が相当遠方の南沙の沖合までを主張すること自体を拒否することはできません。国際法は遠方であること自体を問題としないようにうまく（＝帝国主義に都合よく）できているのです。

　当然、これは我々の通常の感覚とは合いません。「なぜこんなところまで領有を主張するのか」と自然に考えます。私は、本当はこの自然な感覚こそが正しいのであって、帝国主義の支配を正当化する国際法こそが見直されなければならないと考えるのです。

　私もいろんな立場の方と南沙の問題を議論しますが、以上のような理屈から、政府の人間や国際法の専門家は「他国とこんなに近いので中国の進出は認められない」との言い方はしません。しかし、新聞を見ている普通の人の感覚、テレビを見ている世間の人間の感覚では、「どうしてこんな遠くにまで領有権を主張するの？　中国って図々しいね」と考えるのは当然で、私はこれが正常な感覚だと思います。

　しかし、この「正常な感覚」を主張するためには、今までの国際法自身を問題にするしかありません。国際法は認めているのに中国の主張を認められないというのはありえません。もちろん南沙問題の解決で直接的に国際法それ自体の切り替えを主張しだせば、蜂の巣を突ついたような騒ぎになるでしょうし、合意形成が困難となるのは重々承知していますが、国際法自体の問題を避けて通ることはできないというのが私の意見です。

日本にも民族問題がある

　先ほど、欧米列強によるアフリカ分割について述べましたが、我々がなぜそれを不当であり、ひどいと思うのかというと、その地それぞれに人が住んでいるという理由が挙げられます。尖閣や竹島には人が住んでいませんでした（今は竹島に韓国人が無理をして住んでいることになっていますが、それは本来の「居住」とは言えません）。けれど、アフリカでは人がたくさん住んでいるのに国境線が引かれ、その過程で住民の意思やどこに属したいかという希望は無視され、相手にされませんでした。国際法では、国家として認められた主体間の協定だけが意味を持つので、住民意志は無

視するということになっているのです。

そこまで考えると、実は我々日本人がアイヌ民族に対してやっていることも同じだということを知らねばなりません。

私は中国の民族問題を専門としているので、中国に対して民族問題上の問題点を指摘していますが、その私が日本の民族問題には無関心というわけにはいきません。忘れられがちですが、日本も複数民族国家であって、琉球も少なくとも百数十年前までは別の国家でした。この意味で沖縄について議論することもとても大事ですが、今回はアイヌ民族の話をします。

アイヌ民族には「アイヌモシリ」という概念があって、これは「アイヌの地」を意味します。そこで意味されるのは北海道だけではありません。樺太も千島も含まれています。そして、この広大な「アイヌモシリ」の地の真ん中に線を引いたり引き直したりすることを日本とロシアという大国はやってきました。千島・樺太交換条約などの条約は、平和裡に結ばれたものだからと国際法で合理化されているのです。

しかし、よく考えてください。千島・樺太交換条約にアイヌ民族は一切関与しておりません。ロシアという国と日本という国が確かに平和的に合意したもので、国際法上何の問題もないとしても、そこに住んでいる人間は何を考えているか、その住人の意思などお構いなしで引いた線なのです。

日本も欧米列強と同じことをしています。この意味で私はよその国の民族問題を言う前にまず自分のことを考えたいと思うのです。

おわりに——帝国主義時代としての現在

結論を申し上げますと、人類には残念ながらこれまで戦争が必要でした。それを認めた上で、なくすことを議論しましょう。戦争が必要でなくなる条件とは何か、それを考えましょう。それは、戦争以外の方法でどのように「負け」を認めさせられ得るかという問題ではないかと、私は本日申し上げました。一粒たりとも譲らない、絶対に退かない……、そのような「意固地」が人間にある限り、戦争は永遠になくならないでしょう。

そして最後に、この問題がレーニンと関わっていることを申し上げたいと思います。現在、我々はまだ帝国主義という時代に生きているのです。

なぜなら帝国主義国家が自己の行為を正当化するためにつくった国際法の中に我々も生きていて、さらに、中国もその法律に基づいて、反帝ではなくて帝国主義の論理で南沙諸島紛争における自分たちの正当性を主張しようとしています。その意味で、帝国主義時代としての現在という論点も残っていると言えるでしょう。

　私の講演は以上です。ご清聴ありがとうございます。

＊本章は 2016 年 4 月に開催された生物地理学会主催のシンポジウム「隣人とどう付き合うか、生命との関わりのなかで」での講演記録で、当学会の雑誌にも掲載されたものである。日中関係にも触れているので一部修正のうえ本書に再掲した。

第 IV 部

新古典派経済学を基礎とする
マルクス経済学

第9章　新古典派経済学を基礎とした
　　　　　マルクス経済学
　　　——「マルクス派最適成長論」の挑戦

はじめに

　元来「マルクス経済学者」であった私が大学院を出た直後、奉職した立命館大学経済学部の6年間で担当した授業科目は近代経済学の原論科目であった。そのため私は「近代経済学とは何か」、「マルクス経済学とは何か」について常に深く考えざるを得ない位置にあったが、そこで到達した結論は、両者がまったく異なる仕方で定義がなされ、図1のベン図のように、「重複領域もあればどちらでもない領域も存在する」というものであった。

　近代経済学にはロビンズが定式化した「希少資源の最適配分の理論」という定義がある一方で、他方の「マルクス経済学／主義」にはエンゲルスが『空想から科学へ』で示した「社会主義は史的唯物論と剰余価値学説の発見によって科学となった」との「定義」がある。後者は厳密に言えば、「科学的社会主義」の定義ではあるが、マルクス学説のコアを特定したものとして「マルクス経済学／主義」の「マルクス経済学／主義」たる所以＝他との区別、境界を明確化した一種の「定義」と理解することができる。つまり、この後者の定義は必ずしも近代経済学の定義と抵触するものではないので、両者には「重複領域もあればどちらでもない領域も存在する」ということになる。もう少し言うと、経済学には、

　①マルクス経済学でも近代経済学でもある領域
　②マルクス経済学であるが近代経済学ではない領域
　③マルクス経済学ではないが近代経済学である領域
　④マルクス経済学でも近代経済学でもない領域

第9章 新古典派経済学を基礎としたマルクス経済学

図1 異なる定義を持つ近代経済学とマルクス経済学

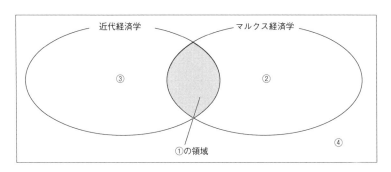

の4領域が存在することとなる。これらは図1の中でも明示した。

とすると、私はどの領域に当てはまるかが問題となるが、それは本章タイトルが示すように①である。本章ではこの点について少し詳しく論じたい。

近代経済学の合理的個人仮説はマルクスの人間観に近い

ところで、「近代経済学」の側のロビンズによる定義のポイントは、(資源が希少でなければ「最適化」は不要であるが、希少との条件の下での)「最適化」にあり、それは一般的には個人における効用極大化行動と企業における利潤極大化行動を意味している。もしそうだとすると、この考え方は案外、そもそもマルクス経済学の考え方に近いのではないか、あるいはもっと言って、基本的には同一のものではないかと私は考えている。

たとえば、資本主義下の企業＝資本はそもそも「自己増殖する価値」なのであるから、その運動目的は「増殖」＝利潤最大化である。また、個人についても、唯物論的人間観とは人間が「食べるために活動する」ことを基本と考えているのだから、「正義」や「忠」や「仁徳」を人間行動の基本と考えているわけではない。社会には様々なイデオロギーが登場し、確かに人々の行動に影響を与えているが、それらイデオロギーの本質をマルクス主義は特定個人や階級、あるいは社会全体の利益追求と見ている。すなわち、利益追求のために「正義」や「忠」や「仁徳」などが語られるのであって逆ではない。つまり、やはり諸個人はこうして本質的に「効用極

大」行動を行なっているとマルクス主義は見なければならない。近代経済学の人間観と本質的には同じなのである。

　実際のところは、こうして「本質的には同じ」という微妙な言い方をしなければならない特別な理由も存在する。というのは、マルクス経済学は封建制期と資本主義下の人間行動の違いにも注目し（それぞれの人間類型を「封建的人間」、「資本主義的人間」と規定し）、違いが生じる理由を説明する理論として存在するからである。ただ、この説明は「唯物論的」なスタイルをとるので、多くの場合で「個人合理的」なものとして説明されなければならない。たとえば、封建制期に職人が親方に絶対的に服従するのはそれなしに封建的な熟練を獲得することができないからであって、その意味で個人合理的な行動と言える。農村の共同体成員が他人を裏切らず常に協力的な姿勢を貫くのもそれが個人的にも必要だからである。

　もちろん、このような「個人合理的」な説明が必ず可能というわけではない。「集団のための自己犠牲」のような行動が世に存在しないわけではなく、もっと言うと、過去の歴史においてはその度合いがもっと大きかったものと思われる。そうした人間行動の「集団合理性」とその歴史的な変化を論じるのも「唯物論」である。言い換えると、個人がばらばらに行動すると社会全体で利益にならないと判断される時、人間社会は集団の団結を優先させるべきだと考える人物を生み出す。これもまた、物質的な利益を最大化するための「合理的」な人間行動であるので「唯物論」なのである。

　いずれにせよ、マルクス経済学の人間論は近代経済学のそれといくつかの違いを持っているが、それが「唯物論」である以上、経済的な意味での「合理性」を根拠に説明する方法をとらないわけにはいかない。つまり、「正義」や「忠義」や「仁徳」をもって人間行動を説明する理論ではない。この意味で、以上のようなマルクス経済学の人間観は近代経済学のそれと本質的に近いと言えるのである。

『資本論』は一般均衡論

　もうひとつ、近代経済学の——というよりその主流派である「新古典派

経済学」とのマルクス経済学との共通性として指摘しておかなければならないのは、マルクス経済学には近代経済学の反主流派経済学がその根拠とする外部性や不完全競争、情報の不完全性あるいは主体の非合理的行動などの仮定がないということである。これは言い換えると、近代経済学内の主流派経済学と反主流派経済学の対立においてマルクス経済学は「主流派」に属することを意味しており、実は非常に重要な意味合いを持っている。

世間の常識では近代経済学の主流派は資本主義をまるまる擁護する勢力となっていて、そのために市場メカニズムの純粋な作用を肯定する彼らを批判しなければならない。だから、市場メカニズムがうまく機能しないことを主張しなければならないことになっているが、マルクス経済学者の考えはまったく違っている。

確かに、現実の市場メカニズムには様々な阻害要因があり、そのまま有効に機能しているとは言えない。そして、その「阻害要因」を非主流派近代経済学は外部性や不完全競争、情報の不完全性あるいは主体の非合理的行動として特定し、阻害メカニズムを解明することができている。しかし、マルクスが考える資本主義の問題はそこにはない。マルクスの主張は、たとえ市場メカニズムが完璧に機能していたとしても存在する「搾取」という問題を解明することにあったのである。だから、この立場からすれば、近代経済学非主流派は資本主義の本当の問題を直視できていない。もう少し強く言うと、「搾取」という最も重要な問題を否定していることになる。

というのも、搾取は1950年代に置塩信雄が「マルクスの基本定理」と呼ばれる定理によって数学的に証明しているが、その定理が仮定的に前提としたのは、全社会的に見て利潤が存在している、という一点しかなかった。それは例えば、生産手段生産部門を第1部門、消費手段生産部門を第2部門とする次のような2本の不等式であらわされている。すなわち、

$$p_1 > a_1 p_1 + w\tau_1$$
$$p_2 > a_2 p_1 + w\tau_2$$

ここで、第1財と第2財の価格はそれぞれ p_1 と p_2、それぞれ1単位の

第1財と第2財の生産に使用される生産手段の量は a_1 と a_2、投入される労働量は τ_1 と τ_2 とされ、かつ簡単化のために両部門の貨幣賃金は w で等しいと仮定されている。

　とすると、この両式の左辺は販売価格、右辺は総コストなので、この2つの不等式が示しているのはどの部門でも利潤が存在しているということである（実際には一方が利潤ゼロでも定理は成立する）。これさえ成立していれば、それは搾取が存在することを意味するというのが置塩の「マルクスの基本定理」であった。この証明自体は私の教科書（大西、2015）の第3章に譲るが、読者にしっかり確認してほしいことは、この証明においては外部性も不完全競争も不完全情報も主体の非合理的行動もないこと、言い換えると、たとえば完全情報で市場均衡が一般均衡論的＝新古典派経済学的に成立していても、一切問題がないことである。この意味で、外部性や不完全競争や不完全情報あるいは主体の非合理的行動に人々の関心を向けさせる反主流派近代経済学は、問題の在り処を隠していることになる。外部性も、不完全競争も、不完全情報もなくとも利潤があるのであれば、それで十分搾取の存在は証明できる。したがって、その主張にとって最もふさわしい舞台設定は完全競争のピュアな市場メカニズムでなければならないのである。

　実のところ、このまったく同じ主張はエンゲルスが1878年に出版した『反デューリング論』においても強調されている。エンゲルスは「暴力論」と題された章の中で、資本主義批判はその暴力によってなされてはならない、そこに一切の暴力がなくとも成立する搾取こそが問題とされなければならないと強調しているのである。

近代経済学との違い——マルクス経済学は「生産様式の理論」
　もちろんマルクス経済学と近代経済学にそのような深い接点があるにしても、それと同じくらいに重要な相違も存在する。異なるのはやはり、近代経済学が「奴隷制」、「封建制」、「資本主義」といった生産様式の変遷の理論をもたないことと言わざるをえない。近代経済学にも歴史理論が存在するが、その理論は以下に述べるような「生産力の質」を基礎とした説明

とはなっていない。とすると、マルクス的な「生産力の質」を基礎とした生産様式の説明とはどのようなものでなければならないのだろうか。説明のために、まずは産業革命以前、機械がなかった時代の生産様式の成立根拠を以下のように論じたい。

　ただし、こうして機械がない時代を想定するにしても、そこにも「道具」は存在するので、ここではこの「道具」と「機械」の根本的な違いが問題となる。「道具の生産力」とは、同じ道具を用いても上手と下手との違いが生じるような生産力のあり方であって、したがって、ここでは「上手」と「下手」との違い、すなわち熟練度の相違こそが最も重要な生産力上の関心事とならざるをえない。そこで、最重要となる「熟練」を全社会的な規模でどう引き上げるかが生産力発展にとって最大の関心とならざるをえず、その目的に合致する徒弟制やその基盤であるような封建的な社会秩序が不可欠となる。

　たとえば、1年目の徒弟は雑巾がけしかさせてもらえず、2年目にも飯炊きしかさせてもらえないかもしれないが、それが「悪い」のではなく、そうした徒弟制的秩序こそが各人の熟練度を上昇させる唯一の道であるという意味で「合理的」なあり方であった。この時、徒弟は親方の下で何十年と毎日同じ作業を行なうが、こうした親方に従順な繰り返しのみがこの場合には生産力を保つ唯一の方法であった。産業革命後の現代では「定年制」が成立し、長く同一人物が組織の長を務めることは「老害」と言われるが、これとは正反対の社会がここでは形成されたのである。

　この封建制の特徴は各作業所内での人間関係に留まらない。たとえば、上記のような熟練の形成には、各作業所内で親方が指導する弟子の数は制限しなければならない。大学の大講義のようなシステムで教えられる「科学的」知識ではなく、「腕」自身に覚えさせる「技」のようなものは親方との人格的な交流ができる範囲の人数、十人前後に対してしか「伝授」することはできない。そのために個々の経営体は小規模である必要があり、経営体間の競争を制限して大規模経営を抑止する封建的な同業組合（ギルド）が形成された。ギルドという社会制度もがこの時代の技術的条件の賜物であったことがわかる。

しかし、こうした「麗しき」時代は機械の登場によって終わる。機械が登場すると生産物の質や量は以前のような「熟練」に依存するものではなく、機械の質や量によって決まるようになる。熟練労働者は不要となって職を失い、代って工場に入った不熟練労働者も「不熟練」であるがためにいつでも取ってかえられうる存在以上のものにはなれない（「機械の単なる付属物」（『資本論』および『共産党宣言』））。そのため彼らの雇い主に対する交渉力は弱くなり、賃金などの労働条件は悪化する（「貧困化法則」）。その結果、さらに大きくなった利潤は再び資本として機械に再投下される。こうして産業革命後の社会では「資本」＝機械が社会の主人公のように振る舞い、その増殖が自己目的であるかのように運動する。そのため「資本」制社会と名付けられるのであるが、機械が大きくなることは生産力の拡大を意味する。つまり、産業革命後の社会＝資本主義の社会では「道具」から「機械」に「生産力の質」が転換することによって、まったく異なる社会が形成されることとなった。この新しい社会は、機械＝資本の増殖が社会の第一義的課題となり、労働への分配は低められることとなる。こうして「社会の必要」が「労働条件の切り下げ」を求める社会として、資本主義はそもそも生成・発展してきたのである。

ともかく、こうして「生産力の質」は封建制と資本主義という異なる生産様式を説明する決定的なものであった。この視覚から生産様式の変遷を論じるのがマルクス経済学なのである。

封建制と資本主義をモデルでどう表現するか

「生産力の質」を問題として近代経済学とマルクス経済学の観点の相違を明らかとしたとしても、「生産力の質」の意味での「唯物論」と、前述の「合理的個人仮説」の「唯物論」とはどのような関係にあるのだろうか。前者の特殊マルクス的な「唯物論」だけでなく、後者もマルクス経済学と基本的に同じと言う以上、その関係は明確に示される必要がある。

実のところ、この問いに対する基本的な答えは「異なる技術では異なる人間行動が合理的となる」ということとなるが、そのことを美しく示すためには数式上の相違として示す必要がある。そして、そのために開発され

第9章 新古典派経済学を基礎としたマルクス経済学

たのが「マルクス派最適成長論」というモデルである[1]。

「最適成長論」たるものは主流派近代経済学のものであるが、それを「マルクス派モデル」として主張するにはもちろんいくつかの特徴が必要となる。内容は後に示すが、まずこのモデルについて理解されたいことは、「封建制」と「資本主義」という異なるふたつの「生産力の質」が、生産関数上のひとつのパラメーターの相違として数学的に示されているということである。

というのも、封建社会の「道具」の時代から資本主義の「機械」の時代への変化は、「道具」「機械」といった生産手段（労働手段）の生産における役割の根本的な変化をもたらした。後者の場合には一人当たり「機械」の増殖（資本／労働比率の上昇）は生産力の拡大をもたらすが、前者の場合にはもたらさないからである。たとえば、一人の職人に1本のハンマーがあれば十分で、彼に2本、3本のハンマーを与えても何の生産力的な上昇ももたらされない。1本は必ず必要であるが、それ以上の「道具」の増殖（資本／労働比率の上昇）には何の効果も生じない。この違いは、以下のコブ・ダグラス型生産関数において、「資本」にかかる乗数 a が、産業革命前にはゼロであったものが、産業革命後にはある正の値にジャンプしたものとして理解されるのではないか、というものである。

$$Y = AK^{\alpha} L^{\beta} \tag{1}$$

こうすれば、産業革命前に「資本蓄積」に社会がやっきとならなかった理由も、またその後でやっきとなる時代がやってきた理由も同じ方程式で説明がつく。変化はただ、a のジャンプとして生じたという説明である。

なお、この場合、産業革命前の封建制の社会も、その後の資本主義も、ともに「生産の拡大」という同じ基準で行動していたと理解できることが重要である。どちらの時代でも抽象的な「正義」や「徳」や「仁義」では

---

[1] このモデルは山下・大西（2002）で初めて提唱され、その後多くの関連論文が生み出されている。

なく、まずは直接的な物質的利益に基準がおかれている。マルクスの唯物論では、「正義」や「徳」や「仁義」などは宙に浮いて生成したものではなく、世俗的な「利益」を正当化するための手段として生み出されたイデオロギーにすぎない。その外被を取り払って本当に追求されているものは「利益」であることこそが明らかとされねばならないのである。[2]

「マルクス派最適成長モデル」としての定式化

社会の目的は、基本的には取得される生産物の多寡に帰着し、一般的に、生産物＝消費財消費量を変数とする効用関数として示される。この関係を表現すべく、私の研究グループが構築した「マルクス派最適成長論」では、限界効用の逓減を考慮した以下のような通時的効用の最大化問題として目的関数を設定している。すなわち、

$$U = \int_0^\infty e^{-\rho t} \log Y dt$$

である。なお、ここで ρ は時間選好率を示している。

しかし、モデルを完成させるには、もう一点考えねばならない点があり、それは産業革命後に重要となった機械生産のための生産活動である。産業革命前には生産手段（労働手段）の役割は小さく、生産部門を明示的に表現することはそれほど重要ではなかったが、産業革命後には異なる。よって、その部門（投資財生産部門）と本来の生産部門（消費財生産部門）のそれぞれについて生産関数を設定することが求められる。そして、我々の場合には、マクロの総労働のうち s 部分が消費財生産部門に配分され、$1-s$ 部分が投資財生産部門に配分されるものとして、次のような生産関数を2本設定した。すちなち、

消費財生産部門　　　　$Y = AK^\alpha (sL)^\beta$
投資財生産部門　　　　$\dot{K} + \delta K = B(1-s)L$

---

[2] この点は大西（2015）第1章第2節参照。

図2　産業革命以降の資本蓄積の最適経路

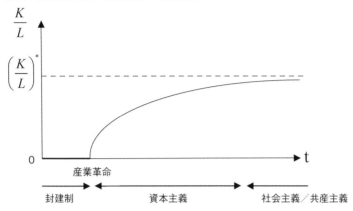

　言うまでもなく、前者は先に(1)式として示した生産関数を使っているが、この部門で使用される労働量がLではなくsLとなっているのが異なっている。今回は、社会に存在する総労働ではなく、そのs部分のみに限られるからである。本来は投資財生産関数も資本投入を考慮したものにすべきであるが、簡単化のためここでは労働のみが投入されているものと想定されている。資本投入をも考慮したパターンも大西・金江（2014）では論じているが、主要な結論は変わらない。なお、δは減価償却率で、δKが投資財生産関数の左辺に含まれているのは、その償却分補填のためにも新規の投資財は使われるためである。ともかく、こうして2本の生産関数と目的関数が設定された。となると問題は、これを動学的最適化問題として解くということになる。その結果は、図2のような成長経路となった。

　この結果についてコメントされるべきは以下の点である。すなわち、①産業革命直後の資本蓄積率は極めて高くなるべきこと（この期間をマルクス経済学では「資本の原始的蓄積期」と呼ぶ）、②しかし、その後は資本蓄積率が徐々に低下し最後にはゼロに収束すること、である。最終的なゼロ資本蓄積状態は、技術進歩を無視すれば経済成長率自体のゼロ成長を意味するので、先進諸国における成長率の低下問題を表現することとなる。

　つまり、この結論によれば先進諸国の低成長化は政策ミスの結果ではなく、歴史的な必然的現象となる。このトレンドを必然的な状況として

(もっと言うと「最適」な成長パスであるものとして）各国は理解し、その上で適切な政策運営を行なうことが求められる。たとえば、純投資をゼロとするための投資優遇策の廃止や公共投資の削減、それらの前提としての労働分配率の引き上げである。なお、こうして「資本蓄積を第一義的課題とする社会の終了」をもって私は「資本主義の終焉」と呼んでいる。それを「社会主義」ないし「共産主義」の到来と呼ぶにはさらにいくつかの説明が必要であるが[3]、ともかくこの定義において、確かに先進諸国の「ゼロ成長」が「資本蓄積を第一義的課題とする社会の終了」であることは間違いがない。このことを「マルクス派最適成長論」は問題としている。

なお、最終的に資本蓄積率がゼロとなることは、マクロの資本／労働比率に最適値（目標値）があることを意味するが、それは前記の方程式体系（最適化問題）としては以下のような解として示される。すなわち、[4]

$$\left(\frac{K}{L}\right)^* = \frac{B\alpha}{(\alpha+\beta)\delta + \beta\ \rho_4}$$

である。

ここで重要なのは、資本蓄積率がB、α、β、δ、ρといった技術係数や時間選好率に依存するということであり、したがって、それらの変化は資本蓄積の目標値を引き上げることもあるということである。たとえば、ある先進国が「目標達成」していた際に、例えばBやαの上昇のような技術革新が起き、「目標」自体がより高くなれば、再度「目標」に向かって資本蓄積をしなければならなくなる。この意味で、こうした技術革新は「資本蓄積を第一義的課題とする社会の終了」を延期させることができる。マルクス経済学に特徴的な言葉を用いると「資本主義の延命」となる。こ

---

3 大西（2015）第4章第4節後半参照。
4 投資財部門でも資本投入がなされるとした場合にはこの式はより複雑なものとなる。大西（2015）p.110 の注5参照

うした可能性は、正確に理解しておかなければならない[5]。

「マルクス派最適成長論」における先進国／途上国格差

「マルクス派最適成長論」は先進国／途上国間の格差をも論じることができる。先進国と途上国の間の「格差」は常に大きな関心の的であったが、戦後の長きにわたって後者の停滞が論じられていたのが、1985年頃を境に徐々に途上国の成長力が論じられるようになり、今や途上国の方が先進国より成長率が高いというのは常識となっている。

そうした事情は典型的には次の図3によって表現できる[6]。この図は、最も単純なケース＝両国の「技術」や「時間選好率」が同じ場合を示している。この場合、先進国の成長開始から途上国の成長開始までの間には「所得格差」が拡大するが、成長開始直後の成長率の高さゆえに、途上国の成長開始後には格差が縮小する局面に入る。これを全体として見ると、「格差」は先進国の成長によって生じ、途上国の成長によって消滅するというクズネッツ的な「逆U字曲線」を描くということになる。それをうまく表現したモデルとなっているのである。

しかし、「格差」を論じる際にもっと重要なのは「格差」が消滅しないケースであり、それは両集団の「目標値」が異なる場合に生じる。図4のようなケースがそれである。そのようなケースは、両国の間で「目標値」を決める「技術」や「時間選好率」が異なる場合に生じる。

もちろん、「目標値」の低い国が必ず途上国でなければならないわけではないので、途上国が最終的にはより高い「目標値」に達することもある。

5　ただし、たとえば、マクロ的なBの上昇は何パーセントも年率で生じないので、こうした技術変化による「目標値の上昇」はせいぜい年率で1％程度だろう。この結果、GDP自体にも1％程度の上昇が生じるだろうが、それほど大きな数字ではない。「ゼロ成長」という際の「ゼロ」はこの程度の成長率をも含めた概念である。これらの問題は田添（2011）でも検討されている。

6　図3上図は厳密に言えば両集団の「所得」レベルの成長経路ではなく「資本／労働比率」レベルの成長経路であるから、その両者の間の縦軸上の差をとって「所得格差」ということはできない。が、大ざっぱには「資本／労働比率」が「一人当たり所得」を決めているという趣旨で図3下図を導いている。

図3　先進国と途上国が同一「目標値」を持つ場合の成長経路と所得格差

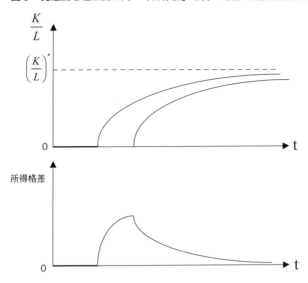

図4　「目標値」の高い先進国と低い途上国の場合の成長経路と所得格差

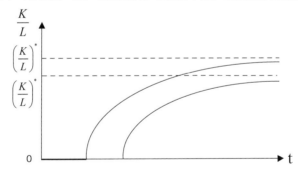

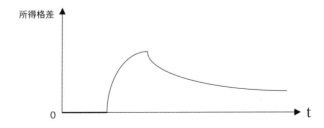

図5　目標値の低い先進国と高い途上国の場合の成長経路と所得格差

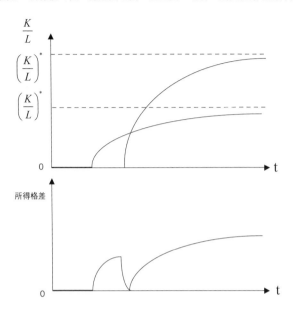

その関係を示したのが上の図5である。イギリスに比べて後発国にあたるアジア諸国がイギリスを乗り越えることはありうるため、このような関係も非常に重要である。

　さらに本来、先進国と途上国が相互に孤立して存在するわけではないため、両者の間で形成される「合理的」な関係を分析することも重要である。たとえば、先進国は途上国より多くの資本を保有し、逆に途上国は労働力に比べて資本が不足するので前者が後者に資本投下（＝資本貸借）するか、前者に後者から労働力が移動するのが「合理的」である。この際、もし資本提供国の側が強い立場にあるとするなら（帝国主義的関係にあるとするなら）、この「資本貸借」ないし「労働力移動」において発生する追加的な生産増の多くは彼らによって取得されるだろう。これをアメリカの「分析的マルクス主義」という学派は「搾取」と呼んだが、ともかく、こうした相互関係をモデルに組み込み、成長過程でどのようなことが生じるかを見るのも重要である。

なお、こうした資本豊富国から資本希少国への資本移動による諸国間の不均等発展はレーニン『帝国主義論』が主題としたものであり、極めて新古典派的な「国際経済学」である。アメリカの反主流派経済学者であるポール・クルーグマンはこれに正反対のモデルを構築してアジア諸国の成長不可能性を説いたが[7]、世界の現実はまったく逆で、途上国の成長力こそが解明されなければならない。マルクス的＝新古典派的な世界像の正しさを証明するひとつの重要な理論的対抗関係と言える。[8]

「マルクス派最適成長論」の「マルクス的」表現

「マルクス派最適成長論」はこのようにさまざまに拡張的な利用が行なわれているが、そのことより前に「マルクス経済学」としてひとつ前提的に論じておかなければならない論点がある。それは、消費財部門と投資財部門に分割した２部門モデルを初めて提起したマルクスの「再生産表式」も、それが価値次元＝投下労働量次元で表現されており、それを通常は「マルクス・モデル」と呼んでいる点である。我々の「マルクス派最適成長モデル」はその形式をとっておらず、その意味で通常の意味での「マルクス・モデル」とは異なっている。

しかし、もちろん、我々は「マルクス派最適成長モデル」のようなモデルが必ず構築されねばならないと考えており、その理由は本章冒頭で述べた「唯物論」と関わる。人々はその物質的利益を追求するために活動をしているのであり、「効用」の基準となる「物財」の多寡が目的関数の主要変数とならなければならない。こうした人間行動の目的の唯物論的な明示が「マルクス派」にとってはより重要と考えるからである。

---

[7] この研究でクルーグマンは2008年にノーベル経済学賞を受賞している。アジア途上国の成長が無視できなくなって久しく、かつまた先進国経済がリーマン・ショックで破綻していたまさに最中に、である。ノーベル経済学賞がいかに時代遅れのものになっているかの象徴といえる。

[8] 私はこの趣旨から1990年代にはレーニン『帝国主義論』のモデル化の作業をしていた。たとえば、大西（1994, 1998）、Ohnishi（1994, 1995）などを参照されたい。クルーグマンに対する総括的批判は大西（1997）を参照されたい。

ただ、そうは言っても、マルクスのような「価値次元」で議論することが重要でないというわけでもない。本章の説明が明らかとしているように、労働は人類の唯一の本源的生産要素であり、したがって、人類の活動とは自然に労働を投入し、その代わりに効用を生む有用財の取得をしているものと基本的に解釈される。そのために我々の「物財次元」のモデルはマクロの総労働の2部門への配分問題として定式化され、もっと言えば、総労働Lを投入して、最終財Yをどう（通時的に）最大化するかという問題として定式化されていた。

実を言うと、「最適成長モデル」としては近代経済学にラムゼイ・モデルというのがあるが、「マルクス派最適成長モデル」と非常に似てはいても異なるのは、ラムゼイ・モデルがGDPの投資と消費への最適配分問題としているのに対し、「マルクス派最適成長モデル」が総労働の最適配分問題として定式化している点である。そうすると非常に重要になるのは、「マルクス派最適成長論」ではその2部門の直接間接の労働量の投入構造をマルクス的なc（不変資本）、v（可変資本）、m（剰余価値）への分割を投下労働量次元＝価値次元に書き換えることができるということである。成長過程において書き換えを行なった結果が次頁の表1である。[9]

この表は次のような手順で埋められている。すなわち、

(1) この表でまず最初に簡単に埋められるのは、両部門の「計」すなわち総価値である。投資財部門では1年間に総労働の $(1-s)$ 部分すなわち $(1-s)$ Lが投入されている一方で、消費財部門ではsLで表現される直接労働の他に減価償却率部分 δ Kの労働量換算部分を加えなければならない。が、資本財1単位の生産に必要な労働量は前述の投資財生産関数より $1/B$ だから1年間に生産される消費財の体現する総投下労働量は $(\delta K/B) + sL$ となる。

(2) その次に考えやすいのはc部分である。なぜなら、これは投資財部門にはなく（資本Kの投入がないから）、かつ消費財部門もその時々のKの減価償却は δK なので、それを補てんするために必要な労働量 $\delta K/B$

---

[9] この問題を最初に扱った論文はTazoe & Onishi（2011）である。

表1　マルクス派最適成長モデルの成長過程における投入労働量＝価値の構成

	c	v	m(c)+m(v)	計
投資財部門	0	$(1-s)L$	0	$(1-s)L$
消費財部門	$\dfrac{\delta K}{B}$	$\beta Y = \beta\left(\dfrac{\delta K}{B}+sL\right)$	$sL - \beta\left(\dfrac{\delta K}{B}+sL\right)$ $= (1-\beta)sL - \beta\dfrac{\delta K}{B}$	$\dfrac{\delta K}{B}+sL$
全社会	$\dfrac{\delta K}{B}$	$\beta\left(\dfrac{\delta K}{B}\right)+(1-s+\beta s)L$	$(1-\beta)sL - \beta\dfrac{\delta K}{B}$	$L+\dfrac{\delta K}{B}$

を記入して済むからである。

(3) 次に埋めるのは両部門のvである。これは規模に関する収穫一定を仮定した下で、賃金は労働力の限界生産性に等しいところで均衡するとの条件をつかえばよい。これによって、消費財部門のvがβYであると導かれる。

(4) 最後に計算されるのはm部分である。これは両部門で生産されるそれぞれの総価値からc部分とv部分を差し引いて計算されている。[10]

慣れない人にはわかりづらいと思われるが、読者に理解願いたいのは、とにもかくにも「マルクス派最適成長モデル」は物財単位でも投下労働量単位でもどちらでも表現できるということである。この意味でも、近代経済学モデルでありつつ、なおかつマルクス・モデルであると言えるのである。

なお、「マルクス派最適成長モデル」は通常、そして本章でも社会全体で最適化をはかる主体が一人しかいないような「社会計画者モデル」の形式で表現されているが、これは一般の「最適成長モデル」と同じく外部性や情報不完全性、行動主体の非合理性などが存在しない状況下での「最適」状態を特定するためのもので、それを現実と述べているわけではな

10　なお、これらの計算の結果、表の両側は整合している。

い。もしそうした状況が実現されるのであれば、家計や企業といった諸経済主体が分権的に市場で行動したとしても実現される状態である。大西（2015）の補論1はこのことも「分権的市場モデル」として証明しているので、総じて都合3種のレベルのモデルの表現形式があることとなる。つまり、① 価値＝投下労働量次元モデル、② 社会計画者モデル、③ 分権的市場モデルの3種である。

さらに拡張作業が続けられている「マルクス派最適成長論」

「マルクス派最適成長モデル」の応用と拡張は以上に留まらない。たとえば、

- 「産業革命後の機械の登場」を「農業革命後の耕地の登場」という形で表現をし直した「農業革命モデル」[11]
- 産業革命後に「資本と労働」が主要な生産要素となった後、さらに「知識」が生産要素として加わった3部門成長モデル
- 同様に、「耕地と労働」が主要な生産要素であった農業社会に急に「産業革命」が発生して「機械」が生産要素として加わった3部門成長モデル。これは、農業社会としての成熟度の相違が産業革命とその後の社会に与える相違の問題を分析した。[12]
- 不確実性の影響。特に資本財生産部門の生産における不確実性の影響の分析[13]
- 金融部門を内生化する試み[14]
- 「分析派マルクス主義」の資本貸借モデルを変形し、経営体間の規模

---

11 大西（2015）第5章第1節がこれに当たる。
12 大西（2015）第5章の注11を参照せよ。
13 これは主に金江（2013）の第2部において研究されている。
14 これは主に山下裕歩によって現在研究されている。

格差の変動を説明するものに拡張したモデル[15]
・分権的市場モデルを使った政府部門や税制の影響の分析[16]
・日本経済、中国経済、韓国経済を対象とした2部門実証モデルの構築[17]
・マクロレベルで規模に関する収穫逓増を仮定した際におきる人口大国の成長目標に与える影響の分析[18]

である。

「マルクス派最適成長モデル」を確立させた山下・大西（2002）からもはや15年以上が経ち、このような各種の拡張モデルが続々と成立した。こうして様々な拡張ができている背景には、それに先立つ約15年の間に行なった数学と近代経済学の成果の習得とともに、「資本主義とは何か」「史的唯物論とは何か」について考える時間が長くあったことが大きいと私は感じている。数学モデルは単に数学力だけで新規開発されるのではない。「マルクス・モデル」という名にふさわしいものを構築するには、それ相応の基礎作業が重要であった。本章は初学者のためにわかりやすく書いたつもりである。参考にされたい。

＊本章は雑誌『三田学会雑誌』第106巻第4号（2014年1月）に掲載された論文を一部修正のうえ転載したものである。

参考文献

金江亮（2013）『マルクス派最適成長論』京都大学学術出版会
劉洋（2008）「『マルクス派最適成長モデル』における政府」『経済論叢』第182巻

---

15 これは大西（2015）の補論3で提起され、その後、吉井（2018）によって展開されている。
16 この研究に、劉（2008）がある。
17 たとえば、Shen（2012）、Tazoe（2012）、大西（2016）第6章がある。
18 これは大西（2016）の第7章および大西・金江（2014）で研究されている。

第 4 号

大西広（1994）「レーニン『帝国主義論』の計量経済モデル」『経済論叢』第 154 巻 3 号

Ohnishi, H. (1994), "An International Econometric Model Based on Lenin's Theory of 'Imperialism' – a research of the post-war Pacific rim economies–", *Fifth Japan-China Symposium on Statistics,* University Education Press, Okayama.

Ohnishi, H. (1995), "A Long-term Projection of Asia-Pacific Economies Based on the Lenin Type Multicountry Model (KYPAC-3)", *Proceedings of 50th Congress of International Statistical Association,* Beijing.

大西広（1997）「貿易と資本移動に関するクルグマンのレーニン・モデルとその一般化」『政経研究』第 69 号

大西広（1998）『環太平洋諸国の興亡と相互依存——京大環太平洋モデルの構造とシミュレーション』京都大学学術出版会

大西広・金江亮（2014）「「人口大国の時代」とマルクス派最適成長論」『三田学会雑誌』第 107 巻第 3 号

大西広（2015）『マルクス経済学（第 2 版）』慶應義塾大学出版会

大西広編（2016）『中成長を模索する中国』慶應義塾大学出版会

Shen, Yu (2012), "A Marxian Optimal Growth Model of China: 1981-2005",『経済論叢』第 185 巻第 2 号

田添篤史（2011）「「資本主義以降の社会」の成長可能性問題について」『経済論叢』第 185 巻第 2 号

Tazoe, A. (2012), "Parameter Estimation for the Marxian Optimal Growth Model", *World Review of Political Economy,* vol.2, no.4, pp.55-64.

Tazoe, A. and H. Onishi (2011), "Organic Composition of Capital, Falling Rate of Profit and 'Preferential Growth of the First Sector' in the Marxian Optimal Growth Model", *Marxism 21*, vol.8, no.1, pp.237-259.

山下裕歩・大西広（2002）「マルクス理論の最適成長論的解釈——最適迂回生産システムとしての資本主義の数学モデル」『政経研究』第 78 号（2002 年 5 月）

吉井舜也（2018）「経営規模格差の歴史的変動モデル——大西（2012）補論 3 モデルの一般化」mimeo

第10章　マルクス派最適成長論の諸次元

　本章では、総じて「価格の世界」が、「価値の世界」と相対的に独立しつつも、両者の関係は価値／生産価格の転形にとどまらず、さらに展開可能であるということを論じる。

自然との物質代謝論としての限界効用／生産力理論は商品経済でも成立
　近代経済学の原論は新古典派経済学の効用価値学説として成立しているが、その基本的関係は、「辛苦」としての人間の労働投入と「効用」を人間に与える労働生産物の関係（自然と人間の物質代謝論）として、労働価値説的にも論ずることができる。たとえば、今、労働投入量を l、それを変数とする労働不効用を D、その労働投入で生産される生産物量を y、それを消費することによる効用を U とすると

$$\frac{dD}{dl} = \frac{dU}{dy} \cdot \frac{dy}{dl} \quad \text{より単純に} \quad dD = dU$$

となる点の選択は、「労働」を唯一の本源的生産要素とする人間と自然との物質代謝において効用マイナス不効用＝純効用の最大化を実現する条件となる。この条件の成立するところで（「自然」への）労働投入量の決定が行なわれる。この関係は、図1で表現されている。
　したがって、人間による自然との物質代謝＝労働による生産とは、その苦労の対価として効用を得んとする人間の主体的行動であり、そこで決められるのはどれだけの労働を投下するのか、という問題である。つまり、ここで決定されるのは労働の投下量であり、そのためにその労働による効用と不効用とが比較されている。「労働価値説」とはこうした労働の基準性を根拠として「価値」を投下労働量で測るというものの考え方である。

図1 限界原理による投下労働量の決定と平均効用、平均不効用

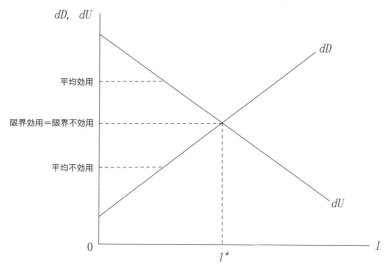

　その創始者のアダム・スミスは限界原理こそ持たなかったが、労働を「辛苦と煩労」すなわち「不効用」と捉え、その投下量こそが「あらゆるものの真の価格」すなわち「価値」であると述べている。

　ただし、この最適化行動によって決められた投下労働 l^* とそれよって生み出された生産物 y^* それぞれの限界不効用と限界効用は等しくとも、平均不効用（労働の総不効用／総労働）と平均効用（生産物の総効用／生産物量）は当然異なるから（限界不効用＝限界効用としたのはそもそも総効用―総不効用のギャップを最大化することが目的）、個別生産物ないし社会的総生産物から得られる「効用」を個別労働ないし社会的総労働の「不効用」で測ることはできない。ので、「労働が基準」であったとしても、ここから先、「価値」を測るには「不効用」という目に見えないものではなく、個別生産物ないし社会的総生産物の生産に使用された投下労働量が規準とされなければならない。

　すなわち、個別生産物の物量でその生産に投下された労働時間を割ってその物財当たりの「価値」とすることになる。ここに言う「労働価値説」はより限定的に「投下労働価値説」と表現されることがあるが、それはこ

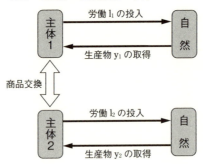

図2 2主体の交換経済の場合

のような価値計算の立場を表している。後述するように古典派経済学やマルクス経済学は「効用」との言葉の代わりに「使用価値」という言葉を使っているが、その「使用価値」の大小ではなく、生産に使われた投下労働量を価値基準としているのはそのためである。

ただし、以上はロビンソン・クルーソー経済(自給自足の経済)におけるものであるから、その関係が商品交換でも成立するかどうかをまた独立に論じなければならない。そのために、図2のような2主体による交換経済を考えよう。

この時、図に示された2主体の労働投入 (l_1, l_2) とそれによる生産物の生産 (y_1, y_2) を使って、再度、数式による表現をすると、図中上段の主体1の均衡条件は

$$\frac{dD_1}{dl_1} = \frac{dU_1}{dy_2} \cdot p \cdot \frac{dy_1}{dl_1}$$

となる。ここで、D_1, U_1 は主体1の労働の不効用と消費財消費による効用を、そしてpは主体1が生産した生産物が交換比率pで主体2の生産物と交換されることを示している。しかし、両財の交換比率pは

$p = \dfrac{dy_2}{dy_1}$ であるから、上式は

$$\frac{dD_1}{dl_1} = \frac{dU_1}{dy_2} \cdot \frac{dy_2}{dy_1} \cdot \frac{dy_1}{dl_1} = \frac{dU_1}{dy_1} \cdot \frac{dy_1}{dl_1} \quad \text{より単純に} \quad dD_1 = dU_1$$

となって、ロビンソン・クルーソー経済とまったく同じ式がでてくる。

また、この関係は当然、主体2でも同様に成立する。すなわち、

$$\frac{dD_2}{dl_2} = \frac{dU_2}{dy_1} \cdot \frac{dy_1}{dy_2} \cdot \frac{dy_2}{dl_2} = \frac{dU_2}{dy_2} \cdot \frac{dy_2}{dl_2} \quad \text{より単純に} \quad dD_2 = dU_2$$

が計算される。

したがって、商品生産社会でも自給自足経済と同様、経済主体は自分の労働の限界不効用とそれによって獲得する生産物の限界効用とをバランスさせることで効用―不効用の極大化を図っていることになる。これは、どの経済主体においても成立しているので、結局のところ社会全体としての効用極大化行動となっているのが重要である。上段の人間と下段の人間を合わせた総体としての「人間」が上段の自然と下段の自然を合わせた総体としての「自然」との間で効用の最大化を図って行動しているのである。

なお、この説明は、両主体が相手の生産する生産物のみを消費するというようなモデルとなっており、さらには両財の交換比率たるpが外生変数にとどまっているという意味では現実的ではない。そのため、この問題の解決のためには両主体とも両財を消費するという想定に変え、主体1はその労働を$\gamma : 1-\gamma$の比率で自家消費のための労働と交換する商品のための労働に分割するとすると

$$\frac{dD_1}{dl_1} = \gamma \frac{\partial U_1}{\partial y_1} \cdot \frac{dy_1}{dl_1} + (1-\gamma) \frac{\partial U_1}{\partial y_2} \cdot p \cdot \frac{dy_1}{dl_1}$$

この時、主体1は両財から得る限界効用が均等化していなければならないから、

$$\frac{\partial U_1}{\partial y_1} \cdot \frac{dy_1}{dl_1} = \frac{\partial U_1}{\partial y_2} \cdot p \cdot \frac{dy_1}{dl_1}$$

となるが、同様の式は主体2においても成立するから、

$$\frac{\partial U_2}{\partial y_2} \cdot \frac{dy_2}{dl_2} = \frac{\partial U_2}{\partial y_1} \cdot \frac{1}{p} \cdot \frac{dy_2}{dl_2}$$

この時、両財の交換比率 p は

$$\frac{\dfrac{\partial U_1}{\partial y_1}}{\dfrac{\partial U_1}{\partial y_2}} = \frac{\dfrac{\partial U_2}{\partial y_1}}{\dfrac{\partial U_2}{\partial y_2}} = p$$

となる。2主体の経済では各主体はこうした関係の成立する点を自由な市場競争の中で模索し、達成することになる。ただし、現実の経済には無数の主体が参加するから、価格は参加する全主体の限界効用比と一致することはできない。その平均的諸個人の平均的な限界効用比に調整されなければならないことは知っておきたい。

置塩の生産価格論と地代モデル

ところで、価値と価格の関係を論ずるひとつの次元には価値と生産価格の関係があるが、それは柴田＝置塩の方法に従えば、c, v, W, W* をそれぞれ添え字で示された部門の不変資本、可変資本、総価値および総生産価格とし、さらに r^* を均等利潤率とした時、

$$W_1^* = (c_1 \frac{W_1^*}{W_1} + v_1 \frac{W_2^*}{W_2})(1+r^*)$$

$$W_2^* = (c_2 \frac{W_1^*}{W_1} + v_2 \frac{W_2^*}{W_2})(1+r^*)$$

と2部門連立方程式で表すことができる[1]。この場合、生産価格／価値の乖

---

1 大西（2015）第5章参照。

離率は1、2部門それぞれ W_1^*/W_1、W_2^*/W_2 となる。「価格」は価値と関係を持ちつつも投下労働にとっては外的な要因によって部分的に乖離する。

しかし、理論上の乖離はそれにとどまらず、今、商業や回転といった要素を無視しても、たとえば、置塩（1977）第1章第12項が導入したような以下のような地代要因の定式化がある。

$$p_1 = (a_1p_1 + \tau_1 Rp_2)(1+r)$$
$$p_2 = (a_2p_1 + \tau_2 Rp_2)(1+r) + \Omega p_2$$

ここで Ω は消費財価格で割った実質地代であり、それが第2部門のみで生じているようなケースを表現している。それ以外の変数は見慣れたものなので説明を省略したい。

重要なのは、もしこう表現できるのであれば、それは投下労働からさらに離れた価格体系が成立することを意味するということである。こうして、『資本論』第3巻は、一歩一歩「本質」から「現象」へと解説を進め、その論理にそって、現象としての「価格」はその本質たる「価値」からさらにまた乖離していくのである。

新解釈学派と単一体系学派の問題について

ここまで価値と価格の問題を論じてきたが、この時にどうしても無視できないのはそうした「二重体系」を批判し、「単一体系」としてマルクス体系を「解釈」し直そうとする新しい流れであり、それらはSSSI（Simultaneous Single System Interpretation）やTSSI（Temporal Single System Interpretation）と呼ばれている。私は上の議論でも明らかなように、「価値」と「価格」の次元の相違を強調する立場であるから、当然、この学派とは対決する必要がある。そのために、こうした新しい流れの理解を正確なものにし、その立場と自分の拠って立つ立場との相違を明確にしておきたい。

この流れの起源を論じると、転形問題に遡る。転形問題論争はその第二

期において上述の柴田＝置塩の逐次転化の最後の均衡式に至ったが、実はこの式でも「解決」されなかった問題があった。① 総価値＝総生産価格と、② 総剰余価値＝総利潤という２つの条件（総計一致命題）というマルクスの述べた２つの総計一致命題の少なくとも一方は成立しないというラディスラウス・ボルトケビッチのマルクス批判がそれである。

実際、元々の再生産表式（$W_1=c_1+v_1+m_1$, $W_2=c_2+v_2+m_2$）に対して、上に示した柴田＝置塩の２本の方程式が新しく付け加えた未知数はW_1^*、W_2^*とr^*の３つであるにもかかわらず、この方程式に加えた総計一致命題の合計４本の均衡式は多すぎる。

式で示すと、

①の条件　$W_1 + W_2 = W_1^* + W_2^*$ と、

②の条件　$m_1 + m_2 = \left\{ c_1 \dfrac{W_1^*}{W_1} + c_2 \dfrac{W_1^*}{W_1} + v_1 \dfrac{W_2^*}{W_2} + v_2 \dfrac{W_2^*}{W_2} \right\} r^*$

が一般的には同時に成立できないという問題である。これが「転化問題」ないし「転形問題」と呼ばれる問題である。

しかし、こうして過剰決定となるのであれば、未知数の追加があれば問題は解決する。ので、その方向で「新解釈」学派は問題の解決を図ったのである。彼らの考えでは、v_1, v_2は労働者に与えられた賃金であって消費手段ではないから、これをW_2^*／W_2によって評価換えする必要はない。ただ、価格表示の賃金を価値ベースに読み替えるための換算比率として貨幣額表示の総付加価値を総労働量で割って得た比率（この単位はたとえば円／時間となる）が計算されさえすればよく、これを彼らは「労働時間の貨幣表現（Monetary Expression of Labor Time, MELT）」と呼んでいる。

したがって、この考えでは、この比率Mを使って先の２式は次のように書き換えられる。すなわち、

$$W_1^* = (c_1 \frac{W_1^*}{W_1} + v_1 M)(1 + r^*)$$

$$W_2^* = (c_2 \frac{W_1^*}{W_1} + v_2 M)(1 + r^*)$$

そして、ここでは未知数が W_1^*, W_2^*, r^* および M の 4 つとなって、上述の 2 つの総計一致命題を付け加えることができる。ただし、上記の①の条件では c_1+c_2 部分が二重計算となるとの理由で、①' 純生産物価値＝総付加価値という条件に代替されている。すなわち、以下の定式ができる。

$$①' \quad v_1 + v_2 + m_1 + m_2 = (v_1 M + v_2 M) + \left\{ c_1 \frac{W_1^*}{W_1} + c_2 \frac{W_1^*}{W_1} + v_1 \frac{W_2^*}{W_2} + v_2 \frac{W_2^*}{W_2} \right\}$$

$$② \quad m_1 + m_2 = \left\{ c_1 \frac{W_1^*}{W_1} + c_2 \frac{W_1^*}{W_1} + v_1 \frac{W_2^*}{W_2} + v_2 \frac{W_2^*}{W_2} \right\} r^*$$

しかし、ある意味当然の帰結とは言え、こうした M による評価替えを賃金（$v_1 + v_2$）部分のみについて行なうのではなく、いっそ $c_1 + c_2$ の部分もしてはどうかとの考えがその後に発生する。すなわち、

$$W_1^* = (c_1 M + v_1 M)(1 + r^*)$$

$$W_2^* = (c_2 M + v_2 M)(1 + r^*)$$

の形式への転換であり、これが SSSI の立場であった。

この考え方に続く TSSI 学派は「単一体系」として、こうしてマルクス体系を新しく解釈するだけではなく、「転化問題」における c や v の「再計算」の不要性を、そもそもそれらが異なる時間（前期）に支出されたものであるということから説明している。数学的な表現をすると、経済過程を同時方程式体系として記述するのではなく、定差方程式体系（ないし微分方程式体系）として論じる必要についての議論と解釈することができる。

いずれにしても、前述の①②の「総計一致命題」は、①'②への変更を伴った上で以上のように「解決」することも可能である。しかし、その提唱者自身も（その当初は別として）これを「解釈」でしかないと論じているという意味で、これをもって「解決」ということはできない。この意味では、①は成立しても②は量的には成立しない、しかし、それでも利潤の前提が剰余価値であることは「マルクスの基本定理」で証明済みである、と総括した置塩の立場を私は支持したい（本章末注記参照）。社会の全部門（この場合は消費手段生産部門と生産手段生産部門の2部門）で利潤が発生する時、それには労働の搾取が条件となっている。そのことに変わりがないこと、言い換えると、総利潤が総剰余価値の再分配であることに変わりはないことこそが重要だと考えるのである。

ただし、本章の主題は、こうしてMELTを多用し、したがって、「価値」と「価格」を「単一体系」として一括してしまう立場がどのような問題点を持つかである。これを示すために、以下のような問題を考えてみたい。すなわち、以上におけるようなMELTによる価値の価格への換算を逆に使って、現実に見える価格を価値（労働量）に換算するというケースについての思考実験である。よく見慣れた次の2部門の価値方程式を思い出そう。

$$t_1 = a_1 t_1 + \tau_1$$

$$t_2 = a_2 t_1 + \tau_2$$

これは両部門の生産物1単位あたりに実際に投入された労働の関係を示しており、もし各部門の生産物量がX_1, X_2であれば、社会的総労働の投入産出構造は

$$X_1 t_1 = X_1 a_1 t_1 + X_1 \tau_1$$

$$X_2 t_2 = X_2 a_2 t_1 + X_2 \tau_2$$

となる。これが、資本主義に限らずすべての人間社会に客観的に存在している労働投入構造である（泉（2014）23-24ページ参照）。しかし、資本制の下では価格のレベルも存在し、それは

第10章 マルクス派最適成長論の諸次元

$$X_1 p_1 = X_1 a_1 p_1 + X_1 w_1 \tau_1 + X_1 \pi_1$$
$$X_2 p_2 = X_2 a_2 p_1 + X_2 w_2 \tau_2 + X_2 \pi_2$$

となる。ここで、p_1, p_2 は両財1単位当たりの価格、w_1, w_2 は両部門の労働力1単位当たりの賃金、π_1, π_2 は両財1単位当たりに資本家が獲得する利潤である。この時、MELT $\left\{ M = \dfrac{X_1 w_1 + X_1 \pi_1 + X_2 w_2 + X_2 \pi_2}{X_1 \tau_1 + X_2 \tau_2} \right\}$ を使えば労働の投入構造は

$$\frac{X_1 p_1}{M} = \frac{X_1 a_1 p_1}{M} + \frac{X_1 w_1 \tau_1}{M} + \frac{X_1 \pi_1}{M}$$

$$\frac{X_2 p_2}{M} = \frac{X_2 a_2 p_1}{M} + \frac{X_2 w_2 \tau_2}{M} + \frac{X_2 \pi_2}{M}$$

のようになるが、この値が現実に存在する社会的総労働の投入産出方程式と異なることは明らかである。

　上に示した社会的総労働の投入産出方程式は現実の労働の投入構造を表しているのに対し、MELT を使った今回の方程式は支払われた価額を一種のマクロ変数である MELT で換算した方程式にすぎず、たとえばこの方式では家事労働やボランティア労働などの価格評価されない労働は無視されることとなり、もし価格がついていても他部門に収奪されている部門の労働が不当に低く評価されることとなる。

　この批判は泉 (2014) 23 ページや 306 ページなどの重要論点である。また、この批判は「単一体系学派」の議論が支配労働価値説にすぎないと主張しているに等しい[2]。

2　この批判については伊藤 (2006) 185 - 191 ページ参照。

「耐忍」を根拠とした利子取得

こうして「価値」と「価格」の次元の相違はやはり否定することができないが、以上で本章が論じたところのひとつは、単なる「次元の相違」ではなく、両者の関係の正確な理解であった。言い換えると、すぐ上で論じた MELT 方式の諸換算への批判は、そのことによって「価値」から「価格」への転化の構造が曖昧にされることへの批判であったと理解されたい。その意味では、「単一体系学派」の中でも最後にあたる TSSI が、転形問題よりは現実経済の運動メカニズムを重視し、よりそれに即した分析ツールとしての MELT の意義を主張していることも重要である[3]。私としてもこの趣旨にはまったく賛同する。

ただし、現実の運動メカニズムとしての「価格」を重視するために「価値」の次元を軽視するのではなく、「価値」＝労働投下の次元に依拠しつつも、それらと現実の価格決定のメカニズムの関係を深める方向で研究は進められなければならず、私のグループが開発した「マルクス派最適成長モデル」とはそうした方向性をもった研究として存在する。マクロ経済を総労働の最適配分問題として定式化し、かつまたそれを、時間構造を有したモデルとして展開している。マルクス派最適成長モデルは「最適解」の導出を目的に主に社会計画者モデルの形式で説明されているが、もたらされる最適解に現実は到達されるかどうかは生産物価格、利子、賃金などの変数を含む分権的市場モデルによって展開できる。これらの全体が「マルクス派最適成長モデル」なのである。

実際、このマルクス派最適成長モデルでは、利子や「時間」に関する重要な計算結果が導かれている。これが重要なのは、利子取得者による利子の取得が現実経済では自らの貨幣の支出を時間的に「耐忍」することに対する対価として正当化され、かつまた現実に取得されているからである。大西（2015）と Onishi & Kanae（2015）で示されたその具体的な計算結

---

[3] 森本（2014）が TSSI を評価するにもこの点にある。なお、"temporal" ではないものの、SSSI や TSSI の前身となった新解釈学派の Foley（1986）にもそうした特徴がある。この点は竹田（1990）も参照されたい。

果とは次のようなものである。

まず大西（2015）第4章第3節末で簡略化して示したバージョンで言えば、

$$r_k = \delta + \rho - \frac{p_k^\&}{p_k} \qquad (+)$$

が導かれる。ここで、r_k は資本のレンタル・プライス、δ は減価償却率、ρ は時間選考率、p_k は資本財の価格（シャドウ・プライス）であるが、ここでさらに利子率 r' が

$$r' = \rho - \frac{p_c^\&}{p_c} \qquad (++)$$

と表現できる[4]ことを使うと、

$$r_k - r' = \delta + \frac{p_c^\&}{p_c} - \frac{p_k^\&}{p_k} \qquad (+++)$$

となる。これは、資本のレンタル・プライスと利子率とのギャップが、減価償却率（マルクス的には不変資本 c の部分）と両財の相対価格変化率の和となることを示しているが、ここでの相対価格変化率は資本蓄積の過程でプラスとなる。どちらの価格も資本蓄積による労働生産性の上昇によって減少するが、資本財はさらに需要の伸びの低下によってより大きな下落率となるからである。ただし、行き着く先の定常では（マルクス派最適成長論では長期にはマクロ経済が定常化する）両財とも一定となるので、相対価格変化率もまたゼロとなる。

これらの結果、資本のレンタルコストは大きく言って3つの部分に分かれることがわかった。すなわち、

(1) 減価償却率

4　この式は、マクロの消費財生産を Y とする $r' = \rho + \frac{Y^\&}{Y}$ と U=logY タイプの効用関数を仮定した $p_c = \frac{\partial \log Y}{\partial Y} = \frac{1}{Y}$ から導かれる $\frac{Y^\&}{Y} = -\frac{p_c^\&}{p_c}$ によって求められる。

(2) 利子率

(3) 相対価格の変化率

であり、(1)は不変資本部分、(2)は利子取得者に取得される部分、(3)は企業家利得となる部分である。マルクス的に言うと、「剰余価値の利子と企業家利得への分割」となるが、上記式の形より、それぞれは、(1) 一定、(2) ρ に向かって減少、(3) ゼロに向かって減少といった運動を行なうこともわかる。なお、以上は大西 (2015) の簡略化モデルの結果であるが、より完全な計算結果は Onishi & Kanae (2015) で示されている。[5]

ともかく、この計算結果は、長期に減少する利子率にも外生的に決められる下限が時間選好率 ρ として存在することを示しており、その意味は重大である。というより、時間選好率から物価上昇率を引いたこのものは、実質時間選好率と呼ぶべきものとなっており、その分だけの利得を利子取得者はとり続けることとなっている。いわば、地主が地代を要求するのと同様、貨幣資本家は「耐忍」の対価としての分配を要求し、それが「価格」のレベルで実現してしまうのである。

歴史的に見た時、このような利子取得への反発は自然なものであった。コーランに限らず、新約聖書や旧約聖書にも書き込まれている[6]。いずれにせよ、本章との関係で言えば、「耐忍」している貨幣資本家も地主と同様、

---

5 その場合、(+) 式および (+++) は次のようになる。

$$r_c = \frac{p_k}{p_c}\left(\delta + \rho - \frac{p_k^{\&}}{p_k}\right)$$

$$r_c - r' = \frac{p_k}{p_c}\delta + \frac{p_k - p_c}{p_c}\rho - \frac{p_k^{\&} - p_c^{\&}}{p_c}$$

6 ただし、中世ヨーロッパにおけるキリスト教会による高利貸への攻撃は剰余価値取得を狙う対抗勢力としての高利貸階級に対する階級闘争としての性格もあった。したがって、中世ヨーロッパの主要な封建領主階級としての教会とその下にあった小生産者階級の打倒において果たした高利貸の役割も無視できない。実際、その後の資本主義発展の基礎的条件には利子容認への社会意識の変化が不可欠であった。この点は『資本論』第3巻第36章参照。

労働を投下しているわけではないが、取得を行なっている。このように「現象」の世界、すなわち「価格」の世界でのさまざまな「価値」創造＝労働投下からの乖離が発生しているが、この両者の関係は「マルクス派最適成長モデル」によってより深く分析することができるのである。

マルクス派最適成長論の諸次元

したがって、本章の最後に、我々の考える「諸次元」とはどのようなものでなければならないかをまとめておきたい。私の考えるところ、マルクスには「物量体系」を除いてさらに3つの次元があった。すなわち、

① 価値
② 生産価格
③ 価格

この3番目の次元とは、上でも論じた地代や利子などが登場する次元である。また、地代や利子は産業独占や政府介入などのない純粋市場経済における存在であるから、③を以下の2つの次元に分割することも可能である。すなわち、

③ 純粋市場価格
④ 現実の独占価格体系

である。

ただ、『資本論』体系は、政府による強制や独占による収奪が存在しなくとも搾取が成立することを証明するものであるから、この④は『資本論』体系外の問題として整理するのが正確である。

ここでの問題は、マルクス派最適成長モデルが労働投下の最適配分問題としての社会計画者モデルを持ちつつも、それと同時に分権的市場モデルでも表現できるということである。後者のモデルでは利潤率を $m/(c+v)$ ではなく、固定資本に対する利潤の比率として定義しているなどの相違はあっても、利潤率の均等化法則も利子もが同時に説明されているから、（地代は無視されてはいても）上記の②と③の次元を併せ持った次元と理解することができる。しかし、より重要なことは、①の次元と②、③の次元の関係をモデルによって明示することができることである。過去に存在

した主流派＝新古典派の最適成長モデルは総労働の最適配分モデルとして定式化されたものではなかったので、マルクス派はそれを自分たちとは無関係なモデルと理解してきた。しかし、マルクス派最適成長モデルは総労働の配分モデルとしての表現を獲得することで、これを「マルクス派」モデル足りうるものとした[7]。このことによって、価値と価格との関係がより具体的に一気に関連づけられることができるようになったのである。

この趣旨から、価値と価格の問題は、今後、このモデルが重要な参照規準とされることを期待するものである。[8]

注記

マルクスの基本定理に対してイアン・スティードマン（Steedman, 1975）はある反例を示して「結合生産」が存在する場合（同じ労働が複数の生産物を生み出すようなケース）に必ずしも成立しなくなると批判した。しかし、少なくとも生産手段と消費手段が明確に分離される通常の2部門モデルにはこの批判は当たらない。そのことは次のように示せる。

まず、第1部門では生産手段1単位の生産につき消費手段も b_1 単位結合生産され、第2部門では消費手段1単位の生産につき生産手段も b_2 単位結合生産されとすると、両部門の利潤存在条件は以下の価格不等式

$$p_1 + b_1 p_2 > a_1 p_1 + \tau_1 w$$
$$p_2 + b_2 p_1 > a_2 p_1 + \tau_2 w$$

で示されることとなる。そして、これを変形すると

$$1 - R\left\{\frac{(a_2 - b_2)\tau_1 + (1 - a_1)\tau_2}{(1 - a_1) + b_1(a_2 - b_2)}\right\} > 0$$

7　このモデルを「マルクス派モデル」と呼ぶもうひとつの、しかしより重要な理由は「資本蓄積を第一義的課題とする社会」として定義された資本主義が最適資本労働比率への到達によってその存在意義を失うことを示しているところにある。

8　価値と価格の関係については、本章で論じた以外に金生産の生産性や不換通貨化したケースをどう考えるかなどの問題もあり、伊藤（2006）の第7章後半がこの問題を論じている。ただし、本章ではまだ独自の展開をできない。他日を期したい。

を得る。ここでは上記価格不等式を変形した $(1-a_1)p_1+p_2b_1>\tau_1 w$, $p_2>(a_2-b_2)p_1+\tau_2 w$ から $1-a_1>0$, $a_2-b_2>0$ を想定している。第１部門での生産手段の純生産、第２部門での生産手段の純投入は自然な仮定であるからである。

また、両部門の価値方程式の方は

$$t_1+b_1 t_2 = a_1 t_1 + \tau_1$$
$$t_2+b_2 t_1 = a_2 t_1 + \tau_2$$

となるが、この式を解くと、

$$t_1 = \frac{\tau_1 - b_1 \tau_2}{1 - a_1 + b_1(a_2 - b_2)}$$

$$t_2 = \frac{(a_2 - b_2)\tau_1 - (1 - a_1)\tau_2}{1 - a_1 + b_1(a_2 - b_2)}$$

となり、ここで導かれた t_2 を上の不等式に代入すると $1-Rt_2>0$ の式が導かれる。これは「基本定理」そのものである。スティードマンの反例は生産手段と消費手段の区別が存在しないより一般的なケースのものであるが、この反例に問題のあることは置塩（1977）第３章第５節によって示されている。

なお、以上の証明は「生産手段と消費手段が明確に分離される通常の２部門モデル」を前提としているので、その前提へのありうる批判にもコメントしておきたい。このありうる批判とは価格不等式を

$$p_1+b_1 p_2 > a_{11}p_1+a_{12}p_2+\tau_1 w$$
$$p_2+b_2 p_1 > a_{21}p_1+a_{22}p_2+\tau_2 w$$

とし、価値方程式を

$$t_1+b_1 t_2 = a_{11}t_1+a_{12}p_2+\tau_1$$
$$t_2+b_2 t_1 = a_{21}t_1+a_{22}p_2+\tau_2$$

として、両財がともに生産手段としても機能するとするものである。たとえば、同じ鉛筆でも家計が自分のために使えば消費手段であるが、企業が業務用として使用すれば生産手段となるような事態を想定している。産業連関表はそのような構造を表現し、これは「現実」である。しかし、両方の鉛筆が同じ投入構造によって生産されたのだとしても、「実際に消費手段として使用された鉛筆」と「実際に生産手段として使用された鉛筆」を異なる財として扱い、同じ投入構造を持つ２本の方程式に分けて表現することは可能である。そういう抽象的な作業を施して表現するのが理論モデルというものである。この意味で「生産手段と消費手段が明確に分離される通常の２部門モデル」としての表現は妥当なものである。

＊本章は2017年3月19日に開催された慶應義塾経済学会主催のミニ・コンファレンス「『資本論』数理化研究の最先端」での基調報告のために私の最近年の研究成果をまとめたものであり、後に『三田学会雑誌』第110巻第2号（2017年7月）に掲載されたものである。

参考文献

泉弘志（2014）『投下労働量計算と基本経済指標』大月書店
伊藤誠（2006）『幻滅の資本主義』大月書店
大西広（2015）『マルクス経済学（第2版）』慶應義塾大学出版会
置塩信雄（1977）『マルクス経済学——価値と価格の理論』筑摩書房
竹田茂夫（1990）「解説(1)」ダンカン・フォーリー著、竹田茂夫訳『資本論を理解する：マルクスの経済理論』法政大学出版局
森本壮亮（2014）「『資本論』解釈としてのNew Interpretation」『季刊経済理論』第51巻第3号
Foley, Duncan K. (1986), *Money, accumulation and crisis*, Harwood Academic Publishers GmbH（竹田茂夫・原伸子訳『資本論を理解する——マルクスの経済理論』法政大学出版局、1990年に所収）．
Onishi, Hiroshi and Ryo Kanae (2015), Piketty's r>g is Caused by Labor Exploitation, *Marxism 21*, vol.12, no.3.
Steedman, Ian (1975), "Positive Profit with Negative Surplus Value", *Economic Journal*, vol.85, no.337.

書評2　松尾匡・橋本貴彦著『これからのマルクス経済学入門』（筑摩書房、2016年）

　当然と言えば当然のことであるが、それぞれの授業で使われている教科書を見ればその講義内容のおおよそがわかる。評者は自分が現在担当する科目＝「マルクス経済学」の原論の様々な教科書を読み比べてきた。たとえば、東京大学の講義を参照にすべく小幡道昭氏の教科書を読んで書評を書き（『経済科学通信』第128号）、さらに松尾匡・橋本貴彦著『これからのマルクス経済学入門』（以下、「本書」）を手に取った。東京大学での講義が同じ4単位の原論科目であるとお聞きしたからであるが、本書はその冒頭でのみ使用する教科書であるらしい。このため、原論講義の全体像を本書から知ることができなかったが、それでもいくつかコメントできる内容はある。

原論講義の冒頭に述べられるべきことは何か
　本書は以下の4つの章によって成立している。

　第1章　階級と所有
　第2章　疎外論と唯物史観
　第3章　投下労働価値概念の意義
　第4章　マルクス経済学で日本社会を数量分析する

　対象としている内容はこの目次でほぼ明らかだから、評すべきはこうした内容が原論講義の冒頭の内容として適切かどうか、ということになる。その点で、「階級」と「唯物史観」が最初のテーマとされていることに同意したい。私の教科書（『マルクス経済学』慶應義塾大学出版会、初版2012年、第2版2015年）でも、『資本論』に対応する内容に入る前に

「階級」を含む唯物史観の概略を、そして最終章で「資本制生産に先行する諸形態」を解説している。

しかし、内容的にはいくつか論点がある。まず、第1章については

(1) 民族などのアイデンティティーと利益とを対立的に扱っているが、少なくとも「民族」は利害関係上の問題から発生している。たとえば、現在の香港人アイデンティティーや台湾人アイデンティティーの高まりはそういった背景を明確に持っている。チベットや新疆ウイグル自治区における民族対立も経済的「利益」の対立の帰結である。[1]

(2) 部落解放運動や国際友好運動に階級的視点が足らないとの指摘があるが、本書はマルクス経済学の教科書なので、この両運動の中のマルクス主義の影響下にある部落解放運動や国際友好運動の実際をよく見なければならない。同和問題の終結宣言をした全国部落解放運動連合会、「人民外交」を主軸に活動を進めてきた日中友好協会にはこの批判は当たらない。

(3) 搾取を剰余の取得として捉えるもの(「利得論的な解釈」)と資本の指揮権と捉えるもの(「疎外論的な解釈」)に分けてその両者を対立的に捉えているが、後者が前者の条件となっているとするのがマルクスの説明ではないか。

また、第2章については

(4) 本書での「唯物史観」は、自立化した観念が人間を支配することを「疎外」とする松尾流疎外論として説明されている。このため、各種のイデオロギーは、支配階級の支配の道具として位置付けられず、逆にそれが支配者であるかのごとく説明されている。これは階級支配の道具としての国家の説明の欠如にも現れている。

(5) 唯物史観の項目であるにもかかわらず、原始共産制、奴隷制、農奴制(ないし封建制)、資本制といった生産様式の説明がない。[2]

---

1 香港については本書『長期法則とマルクス主義』第8章、中国の少数民族問題については大西『中国の少数民族問題と経済格差』(京都大学学術出版会、2012年)参照。

2 この(4)、(5)の論点は本書『長期法則とマルクス主義』第Ⅰ部末の松尾著への書評でも述べた。

(6) 評者の「客観科学」への言及と批判をいただいているのはありがたいことだが、評者の「価値自由」は、ウェーバーのそれではまったくなく、世の人々の願いや意志自体の運動を法則として理解しようとするものである。もちろん、人々の意識をコントロールしようとするものでもない。松尾氏の議論は意識の法則の科学的研究を拒否する主観主義となってはいないだろうか。

投下労働価値概念の解説と実証分析

　以上、最初の2章については感じた違和感を中心に論じたが、後半の2章は「マルクス経済学の教科書」としてわかりやすく、かつ適切な解説であると好感をもった。特に、投下労働価値概念がマルクス経済学であることを示す一番のメルクマールとしている点、そして、それは価格の決定メカニズムがどのようなものであっても成立するとの説明である。評者の場合も、価格決定を新古典派成長モデル（を基礎としたマルクス派最適成長モデル）で説明しつつも、それで決まる部門間の労働配分や「労使間」の所得分配を投下労働価値として計算できることを示している。これを言い換えると、価格決定理論として新古典派理論を採用することもマルクス経済学にとって問題ではないということになる。ケインズ派などの流れを引いた自称「マルクス経済学者」が多い中で、非常に重要な指摘である。

　それからもうひとつ、投下労働価値について「会計的把握」でなく「社会的な労働配分把握」を重視すべきという主張によって、搾取とは個別企業における分配率の問題だけではなく、社会的需要構造が投資財生産と消費財生産のどちらにウェイトがかかるかの問題だとしていることにも賛意を表明したい。評者の「搾取」も総労働中の純投資財生産（これには貿易黒字という「貯蓄」も含まれる）への配分比率として定義しているからである。

　本書では最後の第4章で、こうした労働価値を現実の日本経済を対象に計算し、介護・医療労働の需要増加問題や貿易利益の問題などの現実的な政策問題にとって重要な知見を得ている。ここで重要なのは、1980年代に置塩・野沢のグループによってなされたマクロ計量モデルによる分析

(その集大成が置塩・野沢編『日本経済の数量分析』(大月書店、1983年)である)を、不十分としている点である。これは、近代経済学にない労働価値概念の重要性を指摘する本書としては当然の帰結である。当時の置塩・野沢グループの一員であった評者としても基本的には同意したい。評者のその後の研究もこれら計量モデルの基礎となるべきマルクス理論の研究に移行しているからである。この点も本書『長期法則とマルクス主義』第Ⅰ部第3章で論じたとおりである。

ただし、この点では、投下労働量の配分自体を2部門モデルとした「マルクス派最適成長モデル」が計量モデルとしても推計できる段階に研究が至っていること[3]にも言及させていただきたい。全要素生産性を一定とするという仮定の下での計算であるが、そのもとではマクロの資本蓄積の上限(定常における資本労働比率)を計算することができ、あるいは定常における両部門への総労働力と総資本の配分比率も計算可能である。そして、この作業は2部門「マクロ計量モデル」の推計によってなされる[4]。この意味では、計量モデルという方法を用いた瞬間に投下労働価値概念から離れるわけではない。

第4章が意義深い理由には、置塩の理論仮設についての実証的な検証が2つの分野でなされているということもある。ひとつは、投下労働価値の変動が価格変動をもたらすとの仮説、もうひとつは賃金コストの低下は必ずしも労働生産性の上昇をもたらさないとの仮説である。本書はこの前者には否定的な、後者には肯定的な実証結果を導いている[5]。重要な計算結果として理論家の議論の的となろう。

---

[3] こういう背景には、外部性や主体の非合理性、情報の不完全性がないもとでは総労働の通時的最適配分問題として定式化された社会計画者モデルの解と分権的市場モデルの解とが一致するということがある。

[4] こうした「マルクス派最適成長論の計量モデル」の最新の成果は大西広編『高成長から中成長に向かう中国』慶應義塾大学出版会(2016年)第7章で見ることができる。

[5] ただし、計算された相関関係の有無に関する著者の判断には疑問がある。少なくとも35のデータから計算された「前者」の決定係数0.436(相関係数0.66)のp値が1%を大きく下回ることはr表から知ることができる。

いずれにせよ、マルクス経済学に迫られている「これから」の再構築にとって大いに参考となる教科書のひとつであることに違いはない。多くの読者の検討を期待したい。

＊本書評は雑誌『統計学』第111号、2016年に掲載されたものを一部修正のうえ転載したものである。

大西 広（おおにし ひろし）
慶應義塾大学経済学部教授。
1985 年京都大学大学院経済学研究科博士後期課程単位取得退学。経済学博士。立命館大学助教授、京都大学経済学部助教授、同教授を経て現職。京都大学名誉教授。World Association for Political Economy 副会長、北東アジア学会前会長。
主な著書に、『資本主義以前の「社会主義」と資本主義後の社会主義』（大月書店、1992 年）、『中国の少数民族問題と経済格差』（編著、京都大学学術出版会、2012 年）、『成長国家から成熟社会へ』（共著、花伝社、2014 年）、『マルクス経済学（第 2 版）』（慶應義塾大学出版会、2015 年)、『中成長を模索する中国』（編著、慶應義塾大学出版会、2016 年）など。

長期法則とマルクス主義──右翼、左翼、マルクス主義

2018 年 4 月 1 日　初版第 1 刷発行

著者─────大西　広
発行者────平田　勝
発行─────花伝社
発売─────共栄書房
〒101-0065　東京都千代田区西神田 2-5-11 出版輸送ビル 2F
電話　　03-3263-3813
FAX　　03-3239-8272
E-mail　　info@kadensha.net
URL　　http://www.kadensha.net
振替　　00140-6-59661
装幀─────鈴木　衛（東京図鑑）
印刷・製本──中央精版印刷株式会社

©2018　大西広
本書の内容の一部あるいは全部を無断で複写複製（コピー）することは法律で認められた場合を除き、著作者および出版社の権利の侵害となりますので、その場合にはあらかじめ小社あて許諾を求めてください
ISBN 978-4-7634-0848-8 C0036

成長国家から成熟社会へ
―― 福祉国家論を超えて

碓井敏正、大西 広 編

本体価格 1700円＋税

●成熟社会における対抗戦略とは

変容を迫られる対抗戦略。ゼロ成長下では成り立たない福祉国家路線。資本主義の最終段階としてのゼロ成長社会。地滑り的に変化する政治、経済、国際関係の下、問われる、福祉、地方自治、労働組合運動、革新運動のあり方、ジェンダー、ライフスタイル……。
途方もない財政赤字を直視し、国まかせではない、社会の底力を発揮できる成熟社会の実現にむけて。

成熟社会における組織と人間

碓井敏正 著

本体価格 1600円＋税

●革新政党の可能性を問う
成熟社会とは何か？
成熟社会は到来しているのか？
成熟社会に対応して、革新組織や運動は根本的な
自己改革が求められているのではないか？